novas buscas em comunicação

VOL. 12

Dados Internacionais de Catalogação na Publicação (CIP)
(Câmara Brasileira do Livro, SP, Brasil)

W557p
Wey, Hebe
   O processo de relações públicas / Hebe Wey. — São Paulo: Summus, 1986. (Novas buscas em comunicação; v. 12)

   Bibliografia.

   1. Relações públicas   I. Título   II. Série.

86-0026   CDD-659.2

Índice para catálogo sistemático:
1. Relações públicas   659.2

EDITORA AFILIADA

Compre em lugar de fotocopiar.
Cada real que você dá por um livro recompensa seus autores
e os convida a produzir mais sobre o tema;
incentiva seus editores a encomendar, traduzir e publicar
outras obras sobre o assunto;
e paga aos livreiros por estocar e levar até você livros
para a sua informação e o seu entretenimento.
Cada real que você dá pela fotocópia não autorizada de um livro
financia o crime
e ajuda a matar a produção intelectual de seu país.

O processo de relações públicas

Hebe Wey

summus
editorial

O PROCESSO DE RELAÇÕES PÚBLICAS
Copyright © 1983 by Hebe Wey Ramos
Direitos desta edição reservados por Summus Editorial

Capa: **Roberto Strauss**
Impressão: **Sumago Gráfica Editorial Ltda.**

A autora agradece a autorização concedida por diferentes empresas para as transcrições feitas no livro, conforme indicações no texto.

Summus Editorial

Departamento editorial:
Rua Itapicuru, 613 – 7º andar
05006-000 – São Paulo – SP
Fone: (11) 3872-3322
Fax: (11) 3872-7476
http://www.summus.com.br
e-mail: summus@summus.com.br

Atendimento ao consumidor:
Summus Editorial
Fone: (11) 3865-9890

Vendas por atacado:
Fone: (11) 3873-8638
Fax: (11) 3873-7085
e-mail: vendas@summus.com.br

Impresso no Brasil

Novas Buscas em Comunicação

O extraordinário progresso experimentado pelas técnicas de comunicação de 1970 para cá, representa para a Humanidade uma conquista e um desafio. Conquista, na medida em que propicia possibilidades de difusão de conhecimentos e de informações numa escala antes inimaginável. Desafio, na medida em que o avanço tecnológico impõe uma séria revisão e reestruturação dos pressupostos teóricos de tudo que se entende por comunicação.

Em outras palavras, não basta o progresso das telecomunicações, o emprego de métodos ultra-sofisticados de armazenagem e reprodução de conhecimentos. É preciso repensar cada setor, cada modalidade, mas analisando e potencializando a comunicação como um processo total. E, em tudo, a dicotomia teoria e prática está presente. Impossível analisar, avançar, aproveitar as tecnologias, os recursos, sem levar em conta sua ética, sua operacionalidade, o benefício para todas as pessoas em todos os setores profissionais. E, também, o benefício na própria vida doméstica e no lazer.

O jornalismo, o rádio, a televisão, as relações públicas, o cinema, a edição — enfim, todas e cada uma das modalidades de comunicação —, estão a exigir instrumentos teóricos e práticos, consolidados neste velho e sempre novo recurso que é o livro, para que se possa chegar a um consenso, ou, pelo menos, para se ter uma base sobre a qual discutir, firmar ou rever conceitos. *Novas Buscas em Comunicação* visa trazer para o público — que já se habituou a ver na Summus uma editora de renovação, de formação e de debate — textos sobre todos os campos da Comunicação, para que o leitor ainda no curso universitário, o profissional que já passou pela Faculdade e o público em geral possam ter balizas para debate, aprimoramento profissional e, sobretudo, informação.

A Autora

Nascida em São Paulo, onde fez seus estudos, a autora dedicou-se, entre outras atividades, ao magistério superior, desde 1972. Atuou em diversas faculdades de comunicação social, lecionando durante vários anos na Faculdade de Jornalismo Objetivo (hoje Unip), na Fundação Armando Álvares Penteado (Faap), nas Faculdades Metropolitanas Unidas (Fiam – Faam), na Faculdade Anhembi Morumbi e no curso de pós-graduação da Faculdade de Comunicação Cásper Líbero. É doutora em Ciências da Comunicação.

Paralelamente, desenvolveu atividades como jornalista e profissional de relações públicas em diversas empresas e instituições, como na Folha da Manhã S. A., no Departamento de Estatística da Secretaria de Planejamento do Estado de São Paulo (hoje Seade), no Fundo de Assistência Social do Governo do Estado. Executou também trabalhos de assessoria em comunicação social em várias agências de publicidade.

Participou de inúmeros encontros, seminários e congressos proferindo palestras, além de ter publicado artigos relativos à comunicação social em diferentes revistas especializadas.

Este livro é a síntese das teses de mestrado e doutorado apresentadas à Fundação Escola de Sociologia e Política (instituição complementar da Universidade de São Paulo).

Índice

Prefácio 9

Introdução 11

Capítulo I: *Variáveis das Sociedades Urbano-Industriais que Favorecem o Surgimento de uma Filosofia de Relações Públicas* 17
1. Doze proposições de Wirth sobre a vida urbana, 18. 2. Políticas que refletem a filosofia de relações públicas, 21. 3. Relações públicas como função da administração, 22. 4. Marketing da imagem, 23. 5. A importância da opinião pública, 25.

Capítulo II: *O Momento Histórico do Aparecimento das Relações Públicas* 29
1. Estados Unidos, 29. 2. Brasil, 33.

Capítulo III: *Aspectos Sociológicos e Administrativos das Relações Públicas* 37
1. Aspectos sociológicos, 37. *1.1.* Efeitos dos meios de comunicação de massa sobre a audiência, 37. *1.2.* Modas, atitudes e formas de comportamento, 42. *1.3.* A força da marca, 44. 2. Aspectos administrativos, 44.

Capítulo IV: *O Processo de Relações Públicas* 49
1. Diagnóstico (pesquisa), 49. *1.1.* Pesquisa de campo, 50. 2. Planejamento, 51. *2.1.* Objetivos e metas de um planejamento, 53. *2.2.* Roteiro de planejamento, 56. *2.3.* Empresa X S.A. — cronograma de relações públicas, 59. *3.* Orçamento, 61. 4. Execução, 61. 5. Avaliação, 61.

Capítulo V: *Atividades e Recursos Usados em Relações Públicas* 63
1. Identificação corporativa, 63. 2. Caracterização de públicos, 64. 3. Publicações empresariais, 66. 4. Filmes — multivisão — audiovisuais, 70. 5. Divulgação — contatos com a imprensa, 72. 6. Relações com o público interno, 73. 7. Relações governamentais, 74. 8. Relações com a comunidade, 76. 9. Relações públicas como apoio a marketing, 78. *10.* Feiras e exposições, 80. *11.* Eventos especiais e promoções, 81. *12.* Programa de comunicação com o público interno, 81.

Capítulo VI: *Estudos de Caso* 85
1. A importância da técnica de estudos de caso, 85. Relações públicas institucionais, 87. *2.1.* GM — Programa para despertar uma filosofia de relações públicas junto à rede de concessionários, 87. *2.2.* SANBRA — Concurso Rainha da Soja no Brasil, 89. *2.3.* Filmoteca Philips — Contribuição à educação popular, 90. *2.4.* Calendário Pirelli, 95. *3.* Relações públicas em apoio a marketing — lançamento de produtos, 97. *3.1.* SBP — Campanha de RP de apoio a lançamento de produto, 97. *3.2.* Lançamento do champanha M. Chandon no Brasil, 98. Relações públicas em apoio a marketing — recuperação de imagem de produtos, 101. *3.3.* Corcel — Campanha de RP para sanar queda de vendas, 101. *3.4.* Kadron — Mudança de imagem e queda de vendas, 102. *3.5.* São Paulo Alpargatas — Implantação de um núcleo de eventos especiais como estratégia de comunicação, 106. *4.* Relações públicas institucionais de produtos, 108. *4.1.* 100 anos de Kodak no mundo, 108.

Capítulo VII: *Análise de Departamentos de Relações Públicas de Empresas* 111
1. Nota introdutória, 111. 2. Caterpillar Brasil S.A., 112. *2.1.* Definição, objetivos e metas de relações públicas, 112. *2.2.* Departamento de Comunicações, 113. 3. Dow Química S.A., 116. *3.1.* Departamento de comunicações, 117. *4.* GM — General Motors do Brasil S.A., 120. *4.1.* Departamento de relações públicas, 121. *5.* Nestlé — — Companhia Industrial e Comercial Brasileira de Produtos Alimentares, 126. *5.1.* Filosofia, definição e políticas de relações públicas, 127. *5.2.* Políticas orientadas para os diferentes públicos, 128. *6.* S.A. Philips do Brasil, 132. *6.1.* Departamento de imprensa e relações públicas, 133. *6.2.* Definição, objetivos, públicos e políticas, 134. 7. Pirelli S.A. Companhia Industrial Brasileira, 140. *7.1.* Setor de relações públicas e publicidade, 140. *7.2.* Público interno, 143. *8.* R.F.F.S.A. — Rede Ferroviária Federal S.A., 144. *8.1.* Assessoria regional de relações públicas, 145. *9.* Sanbra — Sociedade Algodoeira do Nordeste Brasileiro S.A., 149. *9.1.* Assessoria de relações públicas, 150. *9.2.* Relações com o público externo, 151. *10.* Exemplos de organogramas, 153.

Capítulo VIII: *Consultorias e Assessorias de Relações Públicas* 157
1. Trabalhos desenvolvidos pelas consultorias de RP, 158. 2. Agências de serviços, 159. 3. Assessorias especializadas, 161.

Bibliografia 165

Prefácio

Finalmente, um livro sobre Relações Públicas cuja autora não se preocupa em discutir definições formais dessa função! No entanto, o trabalho de Hebe Wey, constitui, na verdade, uma grande definição analítica, descritiva e exemplificativa do trabalho de Relações Públicas, em que não está ausente o substrato teórico, mas onde ressalta algo que faz enorme falta ao estudioso brasileiro: a menção a trabalhos práticos e concretos que certamente iluminarão a perspectiva dos jovens que abraçaram essa profissão e que hoje freqüentam os cursos de Relações Públicas ou iniciam seu confronto com o mercado de trabalho.

A obra de Hebe não poderia ser lançada em momento mais oportuno, pois qualquer profissional de Relações Públicas poderá testemunhar o despreparo com que os recém-formados dão seus primeiros passos na vida empresarial. A visão pouco prática, e excessivamente teórica, com que geralmente saem das faculdades é o maior obstáculo a prejudicar seu próprio progresso profissional. Falta-lhes conhecimento sobre o dia-a-dia do trabalho de RP, e essa deficiência é a principal razão da ocupação de muitos empregos disponíveis por pessoas que, mesmo não sendo profissionais de Relações Públicas, têm melhor conhecimento das realidades da vida empresarial.

Diga-se, aliás, que, apesar de ser o maior, não é esse o único problema enfrentado pelos jovens bacharéis que procuram integrar-se à profissão. Apesar da obra de Hebe Wey Ramos não se ocupar desse aspecto, vale mencionar aqui que muito contribuiriam os professores das escolas de RP se explicassem claramente a seus alunos que, apesar da *função* de Relações Públicas estar ligada diretamente aos mais altos níveis administrativos das empresas e entidades, o bacharel há pouco saído da faculdade dificilmente responderá diretamente à Presidência, em seu primeiro dia de emprego. Os jovens estudantes e recém-formados precisam entender que o Dr. Zerbini não começou a fazer transplantes de coração no dia em que recebeu o diploma. E Sobral Pinto não se tornou uma eminência jurídica só por ter um diploma; com certeza iniciou seus passos no trabalho preenchendo formulários e procurando precedentes jurídicos em bibliotecas.

Um pouco de humildade, ou melhor, de realismo, muito auxiliaria os nossos jovens bacharéis em RP em início de carreira. E a obra de Hebe Wey Ramos certamente ajudará a lhes demonstrar que há uma infinidade de trabalhos práticos, nas operações de RP, que precisam ser realizadas por alguém. Esse alguém é o rapaz ou a garota que dá seus primeiros passos na profissão, que precisa aprender como funciona, em detalhes, uma campanha de divulgação, como se escreve uma carta ou um *press-release*, como se seleciona um fornecedor etc. Consultor a gente só chega a ser — e, mesmo assim, nem sempre — quando fica mais velho, com muita experiência e muito conhecimento de causa.

Outra razão por que me entusiasma este lançamento é o fato de representar o reconhecimento do mundo editorial à grande atualidade da função de Relações Públicas. Depois de quase duas décadas de governo centralizado e cerceamento à opinião pública, estamos vivendo o retorno à democracia, com todas as aberturas e liberdades que isso significa: liberdade de imprensa, liberdade à manifestação pública, liberdade de ação para os grupos de pressão de todos os tipos.

Ora, Relações Públicas é, por excelência, a profissão da democracia, uma profissão que *só pode existir* na democracia. Pois, se é verdade que os advogados são os defensores nas cortes de Justiça, os profissionais de Relações Públicas atuam como advogados de defesa na corte da Opinião Pública. E só há Opinião Pública onde há democracia.

É essa uma razão a mais para só me caber dar as boas-vindas a este livro de Hebe Wey Ramos, e para ter a certeza de que esta obra virá dar melhores condições, a quem hoje se inicia na profissão, de demonstrar aos empresários a verdadeira relevância deste trabalho.

Finalmente, um outro ponto importante que esta obra levanta é a óbvia necessidade de se reverem os conceitos em que se basearam as autoridades educacionais brasileiras, quando situaram o curso universitário de Relações Públicas como uma especialização do curso de Comunicação Social. As páginas que se seguem constituem uma clara demonstração de que, se é verdade que as atividades de Comunicação são parte integrante e fundamental da profissão de Relações Públicas, não é menos verdade que só alguém que seja dotado de conhecimentos teóricos e práticos de Administração de Empresas poderá desempenhar plenamente as funções da profissão.

É por isso que defendo uma completa e profunda revisão do currículo universitário de Relações Públicas, de maneira a dotar o estudante não só de melhores conhecimentos das técnicas de Comunicação Social, mas também de Administração, Marketing, Direito, Finanças etc. Dirá o leitor: "Mas é impossível alguém ter conhecimentos tão amplos e diversificados! Seria necessária uma pessoa com qualificações excessivamente elevadas, para reunir todo esse *know-how*!"

Esse leitor terá razão. Pois é preciso tudo isso, para ser um bom profissional de Relações Públicas.

Nemércio Nogueira

Introdução

O processo de comunicação revela o mecanismo por meio do qual existem e se desenvolvem, tanto as relações humanas, quanto as relações públicas. Trata-se de um mecanismo que abrange todos os símbolos da mente e os meios para transmiti-los através do espaço e preservá-los no tempo. É realmente o processo por meio do qual o indivíduo (comunicador) transmite estímulos (geralmente símbolos verbais) para modificar o comportamento de outros indivíduos (receptores). Um ato de comunicação torna-se completo entre duas pessoas, quando entendem o mesmo signo do mesmo modo. Os sistemas de comunicação supõem sempre grupos de sinais em forma de mensagens, que são em sua maior parte, mensagens lingüísticas.

O conceito de comunicação abrange, em última análise, todos os processos pelos quais os grupos humanos se influenciam reciprocamente, aprofundando suas relações necessárias e significativas.

E, na sociedade contemporânea — como nunca ocorreu outrora — se faz presente a necessidade de melhor orientar a interação entre os vários grupos de interesse. Os homens se complementam socialmente. Os grupos humanos deverão ser orientados para a "competência social". No contexto da sociedade industrial voltada para a transformação e a produção e para a distribuição e consumo de bens — o uso dos canais de divulgação torna-se indispensável.

Nestas condições, a organização da empresa, seja pública ou privada, em qualquer dos seus níveis de departamentalização, nos encaminha ao reconhecimento da necessidade de seu relacionamento com os vários tipos de públicos, quer dizer, com o seu ambiente exterior. De tal sorte que a *política de negócios*, essencial à sociedade capitalista, se completa com uma *política de relações públicas*[1].

O complexo multidisciplinar que domina a natureza das Relações Públicas, permite distinguir em sua estrutura teórica, dois subsistemas, a saber, o de *manutenção*, em relação ao público interno da empresa, isto é, aos seus empregados e o de *apoio*, em se tratando de relações com os seus públicos externos.

Um tríplice aspecto orienta o processo: os fatores de comunicação, as metas da ação administrativa e as exigências das situações sociais.

Alguns autores entendem que a definição de Relações Públicas é tanto mais difícil de encontrar, quanto maior for a delimitação do seu campo pela especificação fora do setor da publicidade e propaganda, da informação à imprensa, ou mesmo da documentação técnica[2]. Sem ir ao ponto de dizer que as relações públicas não têm objetivo próprio, importa assinalar que sua especificidade é, muitas vezes, relativa. Mas a idéia-mestra que as Relações Públicas sempre seguiram, desde a sua origem, é a noção do interesse geral da informação útil a todos. É do consenso de todos admitir que as grandes empresas só poderão subsistir e progredir, se explicarem ao público e, em primeiro lugar, ao seu próprio pessoal, qual é o seu papel e a sua utilidade na comunidade local, regional ou nacional. Na fórmula "fazer as coisas bem e torná-las públicas", pode-se encontrar a idéia-chave das Relações Públicas. É evidente que esse novo campo da atividade técnico-científico-profissional supõe uma ética dos negócios. Assim, a imensa vantagem, o benefício insubstituível da informação exata largamente difundida e que constitui a essência das Relações Públicas — é o fato de elas obrigarem os dirigentes a reformar o que anda mal e a reformarem-se a si próprios, em seus programas e atitudes. Chaumely e Huisman, no brilhante ensaio citado, chegam mesmo a citar uma "gramática das relações públicas" e que consiste precisamente na harmoniosa conjugação do "dizer" e do "fazer", conduzindo mesmo a uma técnica em ação.

Dessa forma, as Relações Públicas são consideradas como o conjunto dos meios utilizados pelas empresas para criar um clima de confiança entre o seu pessoal, nos meios com os quais estão em contato, e entre o público, a fim de manterem a sua atividade e de favorecerem o seu desenvolvimento. Esse é o ponto de partida, mas em sua elaboração final, são o conjunto harmonioso das relações sociais, oriundas da atividade econômica, num clima de lealdade e verdade, partindo da hipótese fundamental de que se deve revelar a verdadeira imagem da empresa e mostrar sua contribuição eficaz para com a comunidade. E a informação — mais do que qualquer outro dado — é que constitui o objeto essencial das Relações Públicas.

O universo das Relações Públicas deve ser caracterizado em função de duas técnicas associadas — a publicidade e o jornalismo —, tendo em vista os públicos aos quais se dirigem.

Publicidade, Propaganda e Relações Públicas são dois aspectos que foram por muito tempo confundidos, considerados como uma única atividade. Mesmo atualmente, certos espíritos desconfiados têm tendência para ver nas relações públicas uma publicidade disfarçada, obtida pela pressão direta ou indireta na base, seja ela na imprensa, rádio ou

12

TV. Em termos jornalísticos, o publicitário realiza um trabalho bem diferente do profissional de relações públicas. O primeiro compra tempo e espaço; o segundo transmite informações, comunica aos diretores de jornais notícias suscetíveis de os interessar e que serão ou não publicadas. Outra diferença importante concerne à exatidão das informações. A publicidade, embora não desfigure a verdade, apresenta-a de uma maneira objetivamente orientada, sob uma forma agradável. Recorre a artifícios de sensibilização do público. Seu tom é sempre positivo. Enquanto que a mensagem transmitida pelo profissional de relações públicas, deixando-a ao arbítrio do jornalista, sofre todo o processo de valorização ou de desvalorização das mensagens recebidas em bruto das fontes jornalísticas. Assim, o "comunicado para a imprensa" (*press-release*) pode sofrer uma ampla gradação, quanto ao seu aproveitamento para o noticiário.

No Brasil, as atividades do publicitário são definidas pela Lei 4.680 de 18 de junho de 1965 e pelo Decreto 57.690 de 1.º de fevereiro de 1966, em termos de que lhes cabem as "funções artísticas e técnicas através das quais estuda-se, concebe-se, executa-se e distribui-se propaganda". Assim, cabe ao publicitário a realização de anúncios e folhetos de propaganda. A publicidade e a propaganda procuram sensibilizar, enquanto que as relações públicas procuram informar ou oferecer livremente documentação autêntica e subsídios técnicos, embora ambas as áreas estejam voltadas para os processos da comunicação.

O trabalho do jornalista dentro de um jornal ou revista informativa não deixa dúvida, dentro de suas várias funções, de acordo com os Art. 4.º e 5.º do Decreto-Lei n.º 7.037 de 10/11/1944, que em linhas gerais as classificam como diretor, redator, secretário de redação, repórter, noticiarista, revisor e outras. E no Art. 2.º especifica as atividades jornalísticas como de redação, titulação, condensação, interpretação, correção e coordenação de matéria a ser divulgada: comentários, entrevistas, reportagens, ensino de técnicas jornalísticas e outras tarefas técnicas correlatas. Entretanto, tratando-se de revistas especializadas, boletins, folhetos e jornais empresariais, há uma fronteira, um tanto nebulosa quanto aos limites de ambas as profissões. O mesmo se dá com folhetos técnicos, redigidos por jornalistas, mas supervisionados pelos Deptos. de Marketing, de Vendas ou de Relações Públicas.

Considerando-se as três funções, e de acordo com o CONRERP-Conselho Regional de Profissionais de Relações Públicas-SP, cabe ao profissional de relações públicas a responsabilidade jurídica final, perante a opinião pública, pela totalidade dos trabalhos de jornalismo, publicidade e relações públicas realizados pelas empresas ou entidades.

Neste trabalho serão consideradas as atividades de relações públicas como são desenvolvidas atualmente e como são vistas pelos empresários, tendo sempre em mente que, no Brasil, trata-se de uma profissão devidamente disciplinada, pela Lei 5.377, de 11 de dezembro de 1967 e aprovada pelo Decreto 63.283, de 26 de setembro de 1968. Dessa maneira, a Lei regulamenta as várias formas de atuação de campanhas de opinião pública e demais atividades de relações públicas, que podem influenciar, despertar e modificar a consciência das massas.

O profissional de relações públicas, sendo registrado, poderá ser responsabilizado pela veracidade das informações transmitidas aos meios de comunicação de massa. É ele o responsável pela exatidão, precisão e correção das mensagens e informações dirigidas à opinião pública por uma empresa ou entidade. A atuação do profissional de relações públicas como responsável pelas campanhas de opinião pública, pelos meios audiovisuais e pelas pesquisas de opinião tem tanta importância social, que fica sujeita ao Código de Ética que protege a opinião pública e o consumidor. O Código de Ética profissional, determina entre outras: "Empenhar-se para criar estruturas e canais de comunicação que favorecendo o diálogo e a livre circulação das informações essenciais, permitam que cada um dos membros da comunidade se sinta informado, integrado, responsável e solidário". E veda, entre outras proposições: "Subordinar a verdade a interesses ilegítimos"; "Dar seu concurso a qualquer instituição que atente contra a moral, a honestidade ou a dignidade da pessoa humana". "Utilizar qualquer método, meio ou técnica para criar motivações inconscientes, que privando a pessoa de seu livre arbítrio, lhe tirem a responsabilidade de seus atos". Assim, se uma empresa ou entidade informar erroneamente um jornalista, e este publicar afirmações inverídicas, o profissional de relações públicas responsável poderá ser denunciado à Comissão de Ética do Conselho Regional de Profissionais de Relações Públicas.

A idéia de escrever um livro sobre a experiência brasileira em relações públicas foi sentida pelos profissionais da área como uma necessidade, no sentido de que o Brasil é o único país a possuir uma legislação regulamentando a profissão. As atividades de relações públicas, de certa maneira, sempre existiram, desde os primórdios da humanidade, entretanto, o trabalho desses profissionais passa a constituir a história da profissão no país.

Neste trabalho não serão analisadas as inúmeras definições de relações públicas que aparecem exaustivamente nos compêndios sobre o assunto. Isto porque, em termos de definições, muitas empresas enunciam sua própria filosofia, sua política e o levantamento de seu público, assim cada entidade deve ter a definição de suas relações públicas de acordo com a estrutura, porte e atividades por ela desenvolvidas.

Não serão analisados os conceitos de comportamento coletivo, que abrangem multidão, massa e público, assim como os conceitos sobre opinião pública, pois tais definições e conceitos são comumente encontrados nos compêndios de sociologia. Não será considerado nem

14

o mau, ou indevido uso do termo "relações públicas", nem serão levadas em conta as considerações sobre o desgaste do nome da profissão, tanto nos Estados Unidos, como no Brasil, recentemente em pauta, em algumas revistas. Isto porque, se nos Estados Unidos, os empresários estão usando a denominação "public affairs" para designar o conjunto de atividades que constituem a profissão, aqui, trata-se de profissão regulamentada e com nome definido. E não se pode perder de vista que, desde a instalação da primeira Faculdade de Comunicação Social com especialidade em Relações Públicas, há um total estimado de 7 mil bacharéis, que não podem ser ignorados. A regulamentação profissional, se foi ou não prematura, também não será discutida, porque vem sendo objeto de estudos específicos.

Este trabalho apresenta a profissão de relações públicas, como ela é exercida hoje, dentro do quadro da realidade brasileira e procura sempre enfocar a responsabilidade social do profissional de RP, junto à formação do comportamento das massas[3].

Muitas vezes torna-se difícil transmitir o trabalho de assessoramento ou de consultoria de relações públicas, que chega a mudar a própria atuação de uma empresa. Esse tipo de trabalho nem sempre aparece, ou por ser confidencial ou por se tornar atitude mesma da empresa.

Este panorama nos leva a uma mentalidade nova, estimulada pela informação, pelas inter-relações e pela comunicação. A idéia de comunicação inspira totalmente a teoria e a prática das relações públicas. Ela altera a concepção individualista da empresa, rompendo as barreiras do isolamento e das tensões. Altera o quadro restrito das relações individuais enriquecendo os recursos das relações humanas, passando do plano puramente psicológico ao plano sociológico. Trata-se, pois, de uma técnica nova de integração social, sugerindo novos comportamentos e novos estilos de liderança, com o que se amplia a política de negócios na ordem burocrática, que tanto assinala a sociedade industrial de nosso século.

Notas

1) Mesmo entre manuais mais antigos e de real valor, encontramos omissões ou lacunas quanto à importância das Relações Públicas, numa política de negócios, como por exemplo, Camargo, Lenita C. *Política dos negócios.* São Paulo, Mestre Jou, 1967, 119 p.

2) Chaumely, Jean & Huissman, Denis. *Les relations publiques.* Paris, Presses Universitaires de France, 1962, Cap. II.

3) A terminologia adotada neste trabalho é a de uso corrente entre os profissionais, seguindo os termos já consagrados comumente usados na área, mesmo quando saturados de americanismos e modismos. Partindo de um quadro teórico, procura-se dar uma visão panorâmica do que ocorre na área e como procedem os profissionais.

Introdução à Segunda Edição

Deve-se ressaltar que foi mantida, no Capítulo VII, a análise descritiva das atividades de relações públicas desenvolvidas pelas oito empresas pesquisadas.

É importante salientar que, a partir do momento da coleta de dados, até a publicação desta segunda edição, houve grandes mudanças nos Departamentos de Comunicação Social enfocados.

Foram indicadas as datas de entrada e saída dos entrevistados que não mais se encontram nos cargos que ocupavam, sendo que alguns desses Departamentos sofreram quase total reformulação em sua estrutura, organização e atividades de RP.

Da mesma maneira, foram também mantidos os Estudos de Caso, do Capítulo VI, por terem valor histórico, dentro da literatura de RP. Os quatro *cases* de Relações Públicas Institucionais selecionados, foram desativados pelas respectivas empresas, sendo que todos eles tiveram, pelo menos, dez anos de existência, o que demonstra que a fixação da imagem da empresa, junto à opinião pública é feita a longo prazo.

Os demais estudos de caso foram mantidos devido à importância que tiveram na época e por terem sido tão bem-sucedidos.

CAPÍTULO I

Variáveis das Sociedades Urbano-Industriais que Favorecem o Surgimento de uma Filosofia de Relações Públicas

Tomando-se por base o conceito antropo-sociológico de "refinamento ou requinte cultural", isto é, no momento em que os povos suprem e satisfazem suas necessidades fundamentais, começam a se preocupar com o supérfluo. Esse supérfluo pode se manifestar em termos de arte, de etiqueta, de moda, de lazer e são traços que passam a ser absorvidos e incorporados pela própria cultura que os criou.

Todas as sociedades têm desenvolvido técnicas para enfrentar problemas já anteriormente resolvidos de maneira sofrível, continuando, daí em diante, até obter desenvolvimento de técnicas cada vez melhores em todas as direções. Em muitas sociedades coexistem partes da cultura a nível de necessidade, enquanto outras partes são desenvolvidas muito além desse ponto. Nenhuma sociedade se contentou em deixar a cultura toda num nível de necessidade e nenhuma elaborou de maneira harmônica todas as partes de sua cultura. Todas as sociedades têm elaborado suas respostas a certas situações, além da utilidade relativa máxima[1].

Nesse aspecto, uma filosofia de relações públicas surge como "refinamento cultural", nas sociedade amplamente industrializadas, sendo possível seu aparecimento em decorrência de uma forte urbanização, com suas três características: tamanho; densidade; e heterogeneidade, e ainda, onde os meios de comunicação de massa estejam incorporados à cultura e onde haja possibilidade de existir efetiva mobilidade social.

Nas empresas, uma filosofia de relações públicas torna-se viável no momento em que estruturas arcaicas de lucro pelo lucro, exploração do trabalhador, sonegação e ascensão social dependendo de favoritismos e de um sobrenome fiquem superadas e se tornem obsoletas.

À medida que aumenta a densidade da população nas sociedades urbano-industriais, tendem a aumentar também a especialização e a diferenciação de funções e de papéis de seus habitantes. Com issc, a divisão de trabalho vai se aperfeiçoando e procurando uma ampliação de mercados, que deixam de ser locais para se tornarem nacionais e internacionais. Como a grande empresa tende a dominar o pequeno negócio de família, com o desenvolvimento da divisão do trabalho, pode recrutar seus líderes em um círculo mais vasto.

A elevada densidade populacional, nas grandes cidades, implica em contato físico, sem vínculos sentimentais e emocionais, entre co-trabalhadores e entre co-residentes, o que favorece mais a competição e a exploração mútua, do que a cooperação. E os contatos ocorrem em ritmo célere, que só pode ser mantido com a existência de rotinas significativas (por exemplo, horários, sinais de trânsito, etc.), que controlam e ordenam possíveis atritos, pois cada indivíduo está constantemente recebendo novos estímulos e encontrando novas pessoas.

Com a interação de pessoas com papéis e personalidades muito variados, ficam rompidas as distinções de classe, pois uma pessoa pertence a inúmeros grupos ao mesmo tempo e seus papéis e lealdades dentro deles podem ser algo incompatíveis ou conflitantes entre si. Assim, o habitante da cidade tem mais probabilidade de ser geográfica e socialmente móvel e estar menos limitado por uma lealdade tiranizante a um grupo, lar ou cidade.

A divisão de trabalho aliada às relações segmentárias exercem uma influência niveladora, tornando a estrutura de classes sociais menos nítida. Os artigos sob medida e os serviços especializados ou personalizados tornam-se muito dispendiosos, em comparação com os que podem ser produzidos em massa, para a "pessoa média".

O habitante da cidade é mais suscetível de tratar as suas relações sociais de maneira superficial, racional e sofisticada, não espontânea como ocorre numa sociedade rural integrada; assim, deve confiar cada vez mais na comunicação indireta como um método de difundir informações e opiniões e de tomar decisões. Os meios de comunicação de massa tornam-se importantes elos na comunicação entre os responsáveis por decisões e o público em geral.

1. DOZE PROPOSIÇÕES DE WIRTH SOBRE A VIDA URBANA

As sociedades urbano-industriais desenvolvem a burocracia como padrão de organização, sendo que essa organização não acompanha de maneira inevitável a industrialização. Excluem-se as organizações chamadas de "burocracia patrimonial", encontradas nas sociedades pré-industriais, onde a ocupação de um cargo dependia da fidelidade a uma pessoa, a autoridade e as promoções dependiam do favoritismo e as esferas de responsabilidade estavam mal definidas. Excluem-se também as peculiaridades das "instituições totais", como as prisões, internatos, bases militares isoladas e mosteiros, que possuem programação rigorosa de todas as atividades, horários que devem ser estritamente cumpridos; pequeno *staff* supervisor cujo objetivo é assegurar o fiel cumprimento das normas; e quase intransponível barreira de *status* entre os supervisores e os "internos" e uma elite administrativa que assume a responsabilidade por todos os aspectos da vida dos internos. Vamos analisar as doze proposições de Wirth, sobre a vida urbana, compreendida em seu contexto social, comentadas por Morris[2] e que são fundamentais para a compreensão do surgimento de uma filosofia de relações públicas em organizações públicas ou privadas.

1. *Vínculos relativamente fracos entre co-residentes; controle social formal; separação física dos diferentes subgrupos.*

   O controle social formal pode se revestir da máxima importância nos níveis inferiores da burocracia e de importância decrescente à medida que se ascende na hierarquia.

2. *Dificuldade em conhecer todos os outros pessoalmente; impessoalidade, superficialidade e relações primárias e secundárias que oferecem oportunidades para diferentes tipos de exploração, durante diferentes períodos de tempo.*

   Espera-se para fins de administração imparcial, dos burocratas de nível inferior, que considerem as normas como mais importantes do que as pessoas.

3. *Divisão de trabalho; hegemonia da grande empresa; códigos de ética.*

   Os códigos de ética desenvolvem-se em grupos formais, grupos ocupacionais e grupos informais; a sua função geral unificadora é enfraquecida sempre que existe uma apurada divisão de trabalho, que delimita a área de interesses comuns compartilhados pelos membros de um grupo.

4. *A divisão de trabalho cresce com o mercado; extrema especialização e interdependência.*

   Alguns bens e serviços oferecem maior oportunidade de especialização do que outros; e as curvas que relacionam o tamanho do mercado com a rentabilidade e os aumentos da divisão de trabalho podem ser muito pouco regulares.

5. *Impossível reunir todos os residentes; comunicação indireta por meios de comunicação de massa e grupos de interesses especiais.*

   Nas sociedades urbano-industriais, a tendência das comunicações formais é serem mediadas por grupos primários, os quais avaliam e reinterpretam a informação, em muitos casos. Assim, os grupos de interesses especiais podem ser muito eficazes quando se defrontam com pouca oposição.

6. *A diferenciação e a especialização aumentam com a densidade populacional.*

   A diferenciação e a especialização se desenvolvem em resposta ao aumento de densidade ou à eficácia da produção em massa e podem assumir numerosas formas. A especialização poderá aplicar-se unicamente à embalagem: é possível uma pessoa comprar o mesmo produto por muitos preços diferentes, sob diferentes etiquetas ou com diferentes marcas registradas. Riesman[3] acentuou que a concorrência entre um reduzido número de grandes empresas era suscetível de ficar limitada a pequenas diferenças. Os publicitários dão realce ao fato de o produto por eles anunciado ser um pouco melhor, mas não muitíssimo melhor.

7. *Grande proximidade física, mas fracos vínculos sociais; símbolos facilmente perceptíveis.*

As duas mais óbvias condições básicas para o desenvolvimento de laços sociais são a existência de interesses comuns e a semelhança de *status*. Os símbolos e rituais facilitam a comunicação entre membros de diferentes grupos, as roupas, o diploma, a sala acarpetada, a parede forrada, os móveis, assim como o rosto bem barbeado, a linguagem, o tom e o timbre da voz, os apelos ao olfato. O simbolismo de *status* pode ser útil para julgar se uma comunicação é autêntica.

8. *A competição econômica determina o uso da terra; a conveniência residencial é complexa; segregação dos usos comerciais e residenciais da terra.*

A segregação do uso comercial e residencial da terra só se encontra nas sociedades urbano-industriais. Às vezes, é racionalizada pelos planejadores que impõem a segregação para as residências de todas as classes, se possível.

A conveniência residencial tende a ser muito mais simples nas cidades pré-industriais, com o progresso dos transportes, as áreas desejáveis tendem a deslocar-se de dentro para fora, no sentido da periferia, preferivelmente de acesso fácil e próximas aos lugares de lazer.

9. *Competição e mútua exploração, em vez de cooperação no trabalho; vida em ritmo célere; rotinas ordenadamente significativas.*

As rotinas ordenadamente significativas são a essência da burocracia, embora sejam mais acentuadas nos níveis de *status* inferior, do que nos superiores.

10. *As distinções de classe desaparecem quando a divisão de trabalho se torna complexa.*

Quanto mais complexa se torna uma burocracia, mais nítidas e definidas ficam suas subdivisões. A interação entre seus membros fica enfraquecida pela separação física e uma divisão mais clara de responsabilidades.

11. *Conflito de lealdades grupais; mobilidade geográfica e social; sofisticação.*
Os conflitos de lealdade na cidade podem ser menos agudos, porque há menos interação entre os vários grupos a que uma pessoa pertence; ao mesmo tempo, o maior número de diferentes papéis que uma pessoa desempenha proporciona mais oportunidades para um conflito potencial de papéis.
O desenvolvimento da sofisticação pode ser ilustrado como uma crescente conscientização de lealdades conflitantes, o ajustamento simultâneo a mais de um grupo e a flexibilidade em suprimir ou enfatizar os aspectos favoráveis de um papel.

12. *Influência niveladora da produção em massa; nexo pecuniário.*
A decomposição das diferenças urbano-rurais foi precipitada pela burocratização de muitos serviços que não são facilmente passíveis de produção em massa e pela comercialização de serviços domésticos que eram, antigamente, executados pela dona-de-casa. O jantar caseiro enfrenta a concorrência do restaurante, da lanchonete, do bandejão; a lavagem de janelas passou a ser feita por empresas dotadas de maiores recursos humanos e equipamentos apropriados; a máquina de lavar cedeu lugar à lavanderia. A comercialização dos serviços pessoais reduz a dependência mútua entre o trabalhador e o patrão; reduz a intimidade e o embaraço que pode surgir quando uma das partes deseja terminar o relacionamento.
Quanto ao nexo pecuniário, ficam claros dois elementos: a convicção de que uma pessoa pode obter quase todo e qualquer bem ou serviço imaginável, desde que esteja disposta a pagar o suficiente; e a crença em que, se uma pessoa pode legalmente ganhar a vida fornecendo determinado bem ou serviço, o seu produto não necessita de qualquer outra justificação moral.

Após esta análise de elementos e variáveis que integram uma organização social urbana — com sua estrutura social e de valores, seu meio físico e social, sua tecnologia e sistemas de comunicação — vamos situar a empresa, nesse estágio de desenvolvimento, que propicia a adoção de uma filosofia e conseqüente política de relações públicas.

2. POLÍTICAS QUE REFLETEM A FILOSOFIA DE RELAÇÕES PÚBLICAS

As políticas derivam da filosofia que orienta a administração da empresa e refletem-se nas atitudes que toma para com os públicos. As políticas devem ser razoavelmente estáveis e devem ser postas por escrito e apenas sofrer modificações em razão de mudanças fundamentais no relacionamento entre a empresa e o público, ou devido a alguma mudança de legislação, que atinja a empresa.

A administração da empresa opera por meio de políticas que constituem os *princípios* e as *regras de ação* para uso da direção. São interpretações de atitudes básicas que refletem o pensamento e os pontos de vista da administração, aplicadas a situações específicas da organização.

A empresa que reconhece a importância de sua imagem institucional adota a filosofia de relações públicas como parte integrante de sua filosofia de administração, procurando levar em conta as repercussões junto à opinião pública de todas as suas atitudes.

Adotando uma filosofia de relações públicas, a empresa procura atender os interesses dos vários públicos, cujas opiniões dão a medida da opinião pública e procura desempenhar um papel social útil.

A filosofia de relações públicas visa fornecer à direção técnicas e elementos de comunicação, assim como planejar e organizar atividades necessárias ao bom relacionamento da empresa com os vários públicos.

3. RELAÇÕES PÚBLICAS COMO FUNÇÃO DA ADMINISTRAÇÃO

A filosofia e as técnicas de relações públicas são usadas por administradores com a finalidade de obter e manter o proveito máximo dos seus recursos humanos. Outra finalidade é despertar nos administradores maior atenção para os aspectos humanos dos negócios, no sentido de conquistar a boa vontade e a compreensão, não só do público interno, mas de todos os públicos com os quais têm contato.

Já não é o bastante para uma empresa produzir bens ou serviços que os fregueses desejam, a um preço que possam pagar. O público espera que a fabricação e a comercialização do produto sejam feitas de forma honesta e justa, mas que também contribuam para o bem-estar social e econômico da comunidade e do país.

Um dos objetivos de qualquer entidade, principalmente as de fins lucrativos, é a sua continuidade operacional.

Por outro lado, os grupos em que se subdivide a sociedade vêm se tornando, dia a dia, mais preocupados em saber se tais entidades — em particular as empresas privadas — representam benefício ou malefício, ou mesmo uma ameaça, para esses grupos.

Como decorrência, esses grupos tornam-se muito sensíveis e reagem no sentido de defender a comunidade como um todo, e o grupo, em particular, dos males e ameaças que partem daquelas entidades, especialmente das empresas privadas.

Como autodefesa, procuram influenciar e mesmo pressionar os poderes que compõem o Estado (Executivo, Legislativo e Judiciário) para impor regras e controles à ação das entidades, assim como do próprio Estado.

Nesse processo político-social, a comunicação desempenha um papel fundamental, como meio de encaminhamento e troca de informações em ambos os sentidos, entre entidade/comunidade ou comunidade/Estado.

A importância desse papel vem crescendo proporcionalmente ao desenvolvimento, expansão e eficiência dos meios de comunicação, especialmente de comunicação de massa, a qual passou a ser arma de grande valia na ação de proteger os interesses, não só dos grupos que integram a comunidade, como também das entidades que nela se inserem.

Esse processo, quando considerado a partir da entidade (empresa) é chamado de Relações Públicas.

4. MARKETING DE IMAGEM

Pode-se comparar *marketing de produtos* com o *marketing de imagem,* quando a empresa que reconhece a importância de sua imagem institucional adota a atuação de relações públicas como parte integrante de sua filosofia administrativa. E quando procura levar em conta as possíveis repercussões, positivas ou negativas, junto à opinião pública, com relação a todas as tomadas de decisões e de atitudes.

Surge a consciência de que a empresa deve se preocupar com o seu papel social. Uma empresa de grande porte, estável e bastante lucrativa pode pensar em termos de "colaborar com a comunidade", incorporando uma filosofia de relações públicas. Sua responsabilidade social fica expressa na função de produzir utilidades para os públicos e não apenas lucro para os acionistas.

Nos Estados Unidos, aparece a denominação de "cidadão corporativo" para as empresas, no sentido de que elas devem estar em sintonia com a comunidade onde atuam e devem ser dirigidas com a finalidade de servir aos interesses dos vários segmentos de públicos com os quais mantêm contato.

Os interesses dos públicos com os quais a empresa se relaciona diferem muito, mas são todos interesses egoísticos e muitas vezes antagônicos para a empresa. Pode-se resumir os interesses dos vários públicos[4]:

Para os *empregados,* a empresa representa uma fonte de remuneração e deve oferecer boas condições de trabalho, oportunidade para progredir, certa estabilidade e ambiente agradável. Sua produtividade, lealdade e dedicação para com a empresa correspondem ao modo como esses interesses são atendidos.

Para os *consumidores,* a empresa representa uma fonte de bons produtos ou serviços, por preço justo.

Para os *acionistas,* a empresa é a entidade que deve pagar os dividendos correspondentes ao seu investimento e que consiga ter aumento de lucros.

Para os *fornecedores,* a empresa deve consumir suas matérias-primas em negociações eqüitativas e razoáveis, das quais receberão pagamento justo e em dia.

Para o *governo,* a empresa deve pagar os impostos e taxas, sendo uma fonte de rendimentos.

Para os *meios de comunicação de massa,* a empresa representa o anunciante lucrativo, que irá comprar e utilizar seu espaço e seu tempo.

Para a *comunidade,* a empresa deve ser boa integrante da vida comunitária, contribuindo para o progresso geral e participando das atividades locais.

A adoção de uma filosofia de relações públicas por uma empresa, implica em satisfazer os interesses particulares dos citados públicos e de outros com os quais venha a se relacionar. Assim, a empresa que melhor satisfizer os interesses desses grupos conseguirá melhor relacionamento com eles. Entretanto, de acordo com o fundamento ético das relações públicas, uma correta filosofia não significa dizer o que o público gosta de ouvir, mas consiste em fazer o que o público sabe que é certo.

Como afirma Nemércio Nogueira, qualquer plano de *marketing* visa a venda de um produto, em termos das vantagens que oferece a seus potenciais compradores. Assim, a profissão de Relações Públicas só terá um lugar ao sol, quando for conhecida e reconhecida pelo que é. Para que isso aconteça é preciso que haja quem compre esses serviços, quer como profissionais autônomos, quer como empresas de assessoria externa. Esse objetivo só será atingido se delinearmos e pusermos em prática um verdadeiro plano de *marketing* para a profissão de Relações Públicas. E a única vantagem que pode sensibilizar uma empresa, a ponto de ela "comprar" o serviço de relações públicas é a possibilidade de lucro que o investimento apresente. Como a única área em que esse lucro pode ocorrer é a de *marketing,* é evidente que devemos concentrar nossos esforços de "venda" de RP nesse setor[5].

Sob esse enfoque, a profissão de Relações Públicas pode ser vendida como se fosse um "produto", cuidando de todos os seus aspectos relevantes, como sua qualidade intrínseca, sua embalagem, sua publicidade, sua promoção de vendas, etc. Isso significa uma variedade de coisas, como o aprimoramento do ensino de relações públicas, nas faculdades; o incentivo ao surgimento de publicações sérias sobre o assunto; o policiamento do exercício da profissão; a demonstração aos empresários da utilidade de RP como ferramenta de *marketing;* a realização de congressos, seminários e simpósios que tenham repercussão junto aos empresários, e não apenas junto aos próprios profissionais e estudantes de relações públicas.

É preciso dar a Relações Públicas a imagem de uma atividade realmente importante, no contexto da administração de empresas, no sentido de aumentar, concentrar e harmonizar esforços para se conseguir melhores resultados.

5. A IMPORTÂNCIA DA OPINIÃO PÚBLICA

Passada a fase do lucro pelo lucro, algumas empresas começam a dar importância ao *marketing*, preocupando-se em saber se o consumidor realmente deseja determinado produto e como o prefere, antes de iniciar sua fabricação, procurando fazer com que seus esquemas de vendas, publicidade, distribuição e *merchandising* sejam eficientes.

Vemos aí um início de preocupação com a opinião pública, pois é nos escritórios, nos ônibus, nos automóveis, nas mansões e nas casas modestas, que cresce e se organiza esse poder chamado de opinião pública. Conceitos e imagens são concebidos, gerados, delineados, formados, solidificados e passam a orientar as atividades dessa bola de neve aparentemente indefinida e sem rumo certo, que é a opinião pública.

O indivíduo como membro da massa constitui um número abstrato, que recebe impressões e opiniões já formadas, veiculadas pelos meios de comunicação. O veículo formal do tipo de comunicação que predomina numa sociedade de massa faz com que as pessoas expostas às suas mensagens tornem-se receptáculos mais ou menos passivos de opiniões já formadas. É muito menor o número de pessoas que expressam opiniões do que aquele que as recebem e, portanto, dificilmente o indivíduo comum consegue expressar publicamente uma opinião própria. A ação individual se traduz em escolhas que se fazem em resposta a impulsos e sentimentos vagos, despertados pelo objeto de seu interesse, característica das massas; por isso, pode ser influenciada pelas sugestões persuasivas dos meios de comunicação.

O indivíduo engajado passa a fazer parte de vários públicos e o comportamento dos públicos é baseado em deliberação e discussão sobre um objetivo comum. Os públicos recebem e expressam opiniões sem a interferência das instituições, sendo mais ou menos autônomos em suas ações. Um determinado público engloba as pessoas que dão evidência de pensamentos ou ações semelhantes, ou que alcançam consenso em coisas similares ou complementares. A opinião pública, dessa maneira, é muito mais produto da ação conjugada do que da ação individual. Os membros dos públicos discutem e formam opiniões, que têm possibilidade de se transformar em ação efetiva.

Para evitar essa ação efetiva negativa, ou seja, o repúdio dos públicos à empresa ou aos seus produtos, há necessidade de uma alimentação permanente e regular de informações que orientem os indivíduos e permitam que eles sustentem ou modifiquem este ou aquele conceito. Pois é a partir desses conceitos, dessas imagens, dessas formulações abstratas e nem sempre conscientes que depende o sucesso de uma empresa, de um produto, de um esforço comunitário, de uma causa, de uma campanha. Como já afirmava Abraham Lincoln:

"Ninguém consegue triunfar se a opinião pública está em seu desfavor. Com a opinião pública a seu lado, ninguém é derrotado".

Quanto mais desenvolvida e sofisticada for a sociedade, mais diversificados serão os critérios em que se baseia a opinião pública e maior quantidade de informação será requerida para alimentar os meios de comunicação de massa.

No processo político-social, a comunicação desempenha um papel fundamental como meio de encaminhamento e troca de informações entre entidade/comunidade e entre comunidade/governo.

Quando uma entidade incorpora uma filosofia de relações públicas à sua administração, as políticas que irão refletir essa filosofia irão influenciar diretamente as atitudes que tomará junto aos seus públicos. Entretanto, a condição de público só existe a partir do diálogo.

Através do desenvolvimento de políticas de relações públicas a empresa irá atender aos interesses dos vários públicos, cujas opiniões procurará compreender. Para manter essa compreensão mútua com as diferentes comunidades, estabelecendo um universo de debates, é necessário que esteja disposta a considerar a opinião pública.

A importância da troca de informações cresce proporcionalmente ao desenvolvimento, expansão e eficiência dos meios de comunicação, especialmente de comunicação de massa, que passaram a ser uma valiosa arma na ação de proteger os interesses, não só dos grupos que integram a comunidade, como também das entidades que nela se inserem.

O papel das relações públicas é atuar ativamente junto às comunidades, levando a mensagem de desenvolvimento para todas as camadas sociais, num amplo esforço de divulgação e conscientização para o perfeito entendimento entre governo e empresas e seus públicos.

Existem, até hoje, dificuldades por parte dos dirigentes de empresas quanto ao entendimento do instrumento de administração que são as relações públicas e de sua utilização para enfrentar a opinião pública.

Há ainda alguns executivos que preferem enfatizar apenas publicitariamente os produtos, mediante técnicas de *marketing,* sem cuidar da imagem institucional da empresa, junto à opinião pública. Alguns empresários não compreendem que ninguém foge à opinião pública, que ninguém pode se esconder dela, que não podem fazer de conta que ela não existe. Alguns acreditam que não divulgar sua empresa significa evitar problemas, mas se a empresa se nega, por exemplo, a fornecer dados a jornalistas, estes poderão colhê-los junto aos concorrentes, que darão uma imagem negativa; ou ainda, o jornalista pode estruturar sua matéria a partir do que "ouviu falar", isto é de boatos. Isso traduz uma péssima política, pois o público não tendo informações suficientes para fazer um julgamento correto, tenderá para o lado negativo, para uma imagem desfavorável da empresa.

Cabe às relações públicas prever qual será a atitude da opinião pública e quais as suas tendências direcionais; ajudar a empresa a formar sua personalidade, tanto de maneira a alcançar seus próprios objetivos, como de modo a auxiliar seus públicos a satisfazerem suas necessidades; usar as mais complexas e revolucionárias armas de comunicação, em sua totalidade, a fim de fazer convergir a compreensão e mútua apreciação entre uma empresa e seus públicos e essas necessidades parecem estar aumentando de importância.

O processo de fazer o público proceder de uma predeterminada maneira ou aceitar uma predeterminada atitude, pode ser sutilmente dirigido pelos meios de comunicação de massa. A opinião pública é movida com grande rapidez, por pressões extremamente sutis, que podem ter conseqüências nefastas para a empresa, se não forem devidamente observadas e enfrentadas. Assim, as empresas não devem abusar da política de *low profile,* oferecendo sua empresa à opinião pública desinformada, ou informada de maneira adversa a seus interesses.

Ao enfrentar uma situação subitamente hostil, em termos de opinião pública, a empresa encontrará as seguintes dificuldades:

a) não disporá de consultores e assessores que a orientem, com rapidez necessária, sobre qual estratégia a adotar;

b) não contará com uma máquina montada, que execute o trabalho requerido com a eficiência e prontidão que se exigem em tais situações;

c) terá de começar de zero e sob fogo adversário, pois não contará com a proteção de um trabalho anterior, que já tenha conseguido sedimentar, aos olhos da opinião pública, uma imagem ou conceito favorável à empresa, que a defenda dos ataques — fundados ou infundados — que possa vir a sofrer.

A chamada força do negativo é outro aspecto que deve ser levado em conta, quando se pensa no poder da opinião pública. Essa força do negativo pode ser observada em vários níveis, desde os contatos diretos dos indivíduos dos grupos primários, até a grande imprensa informativa internacional, quando as notícias negativas são as de maior realce por despertarem maior interesse.

Tendo em mente esse fato, fica bem clara a situação potencialmente ruinosa da empresa que não se preocupa com a criação, projeção e manutenção de sua imagem favorável, aos olhos da opinião pública, pois quando a borrasca chega, já é tarde demais.

Há outro ponto importante, que nem sempre merece a devida atenção por parte de empresários e executivos, isto é, de nada adianta ganhar um processo jurídico, nos tribunais e perder a mesma causa, nas cortes da opinião pública — o prejuízo será ainda maior. Em algumas empresas, por não se conscientizarem dessa realidade, são utilizados os serviços de advogados e não de profissionais de relações públicas para enfrentar problemas de opinião pública.

Notas

1) Linton, Ralph, *O homem*. São Paulo, Martins, 1968, pp. 109-112.

2) Wirth, L., "Urbanism as a Way of Life". In: Morris, R.N. *Sociologia urbana*. Trad. Alvaro Cabral. Rio de Janeiro, Zahar, 1972, pp. 234-252.

3) Riesman, David, *A multidão solitária*. Trad. S. Micelli e M. W. Barbosa de Almeida. São Paulo, Perspectiva, 1971, 393 p.

4) Canfield, Bertrand R., *Relações públicas*. Trad. Olívia Krähenbül. 2.ª ed. São Paulo, Pioneira, 1970, pp. 5-12.

5) Nogueira, Nemércio, "O marketing precisa de RP e nossa profissão precisa fazer marketing". *Boletim do CONFERP*-Conselho Federal de Relações Públicas. Brasília, Ano 1, n.º 1, s.d.

CAPÍTULO II

O Momento Histórico do Aparecimento das Relações Públicas

1. ESTADOS UNIDOS

As atividades de Relações Públicas aparecem nos Estados Unidos em decorrência de um momento histórico preciso, quando — após a Guerra de Secessão —, seguem-se 25 anos de grande desenvolvimento industrial.

De 1875 a 1900, esse país, após a Guerra de Secessão, passou por um período de enorme desenvolvimento, denominado por Mark Twain de Era Dourada, quando o poder passa das mãos da aristocracia dos plantadores do Sul às mãos da nova classe de homens ambiciosos, os *self-made men*, formada em parte por fazendeiros livres do Oeste e em parte por capitalistas industriais das cidades do Leste. Os agrários do Sul, economicamente cerceados, ficaram sem a antiga autoridade política.

A Guerra Civil, embora aclamada como uma luta pela liberdade e pela igualdade, introduziu um período de caçada frenética ao dólar e de brutal exploração. Durante o turbulento período do pós-guerra, audaciosos empreendedores do Norte tiraram proveito das inúmeras oportunidades para a especulação de terras, construção de estradas de ferro e exploração de recursos minerais. Valeram-se ao máximo, também, do poder político, para fortalecer seu controle sobre o governo e usá-lo na promoção dos seus interesses econômicos. A filosofia econômica mais aceita era a do *laissez-faire* e da livre concorrência, aquilo que mais tarde veio a ser chamado de "robusto individualismo".

Há uma mudança no próprio conceito de moral, a pobreza passa a ser considerada um distintivo de inépcia e a riqueza um sinal infalível de virtude. A competição econômica passa a ser encarada como a luta pela existência e a sobrevivência dos mais aptos na ordem biológica. Quanto mais implacável a competição melhor seria, pois assim eram eliminados com mais rapidez os fracos e os incompetentes.

Aparecem os *robbers barons* (barões ladrões), industriais sem escrúpulos, que se dedicavam a negociatas, visando lucro fácil. Seu lema, atribuído a William Henry Vanderbilt, em 1882, um dos criadores das ferrovias americanas, era *the public be damned* (o público que se dane).

Inicia-se uma pressão dos próprios trabalhadores, contra os barões ladrões e surge uma literatura e um jornalismo de denúncia. O movimento populista e dos *Greenbackers* (notas do Tesouro) cristalizam-se no Movimento Progressista, tendo líderes filósofos como John Dewey; reformadores cívicos, educadores e publicistas; tinha Roosevelt como candidato, em 1912, cujas diretrizes políticas incluíam um forte governo nacional que tomaria medidas positivas para proteger o povo contra os interesses gananciosos. Incluía a regulamentação dos negócios, a proibição do trabalho das crianças, salário mínimo para as mulheres, jornada de oito horas para mulheres e crianças, indenização por acidente de trabalho, a criação de um Ministério do Trabalho, aposentadoria e o seguro contra a doença e o desemprego.

Surge uma legislação regulamentadora, que realmente protege a população, muitas vezes contrária aos interesses dos grandes proprietários. Como conseqüência há uma melhoria na condição dos trabalhadores e a sonegação diminui. Entre 1908 e 1913 por exemplo, foram aprovadas 2.000 leis federais e estaduais que afetavam as ferrovias americanas.

Essa situação provocou o surgimento de um novo tipo de jornalismo — o jornalismo de denúncia, herdeiro da tendência dominante na literatura ocidental, de cerca de 1830 a 1914, que foi o *realismo*. Os realistas descreviam a vida não em função de um ideal emotivo, mas de acordo com os rudes fatos revelados pela ciência e pela filosofia. Demonstravam grande interesse pelos problemas psicológicos e sociais, analisando as tendências antagônicas do comportamento humano e descrevendo as lutas do indivíduo para sobrepor-se às desilusões do ambiente. Alguns se empolgavam pela reforma social e seus dramas se desenrolavam em cenários sórdidos, demonstrando a necessidade de acabar com a pobreza, eliminar a guerra e tratar melhor os menos favorecidos.

Nos Estados Unidos, nos fins do século XIX, um grupo de jovens romancistas começou a escrever sobre os abusos políticos e sociais, a fim de despertar anseios de reforma. Entre eles, Stephen Crane (*The Red Badge of Courage*), onde analisa aspectos nada românticos da guerra. Mark Twain, em uma série de novelas, denuncia a hipocrisia da sociedade e Frank Norris ataca a especulação dos altos financistas em O Polvo (*Octopus*) e Theodore Dreiser (*Sister Carrie, Jennie Gerhardt* e *O Gênio*), romances onde seus insignificantes personagens lutam contra as forças do infortúnio.

No jornalismo, nomes como Thomas Lawson, Ida Tarbell e Upton Sinclair despontam como os principais acusadores dos industriais inescrupulosos.

Assim, os grandes capitalistas denunciados, acusados e acuados encontram em Ivy Lee o grande caminho para evitar denúncias, a partir de uma nova atitude de respeito pela opinião pública. Os empresários viram-se forçados a se defender e o jornalista Ivy Lee viu uma excelente oportunidade para a criação de um novo negócio: a assessoria aos empresários, para auxiliá-los a corrigir sua atitude para com a opinião pública e para a divulgação de informações favoráveis às empresas, pela imprensa informativa. Sua assessoria fornecia notícias empresariais para serem divulgadas jornalisticamente e não como anúncios, ou como matéria paga. Eram informações corretas, de interesse e de importância para com o público, sobre as empresas, evitando assim denúncias.

Em 1906, contratado pela indústria do carvão mineral para assessorá-la, Ivy Lee criou o primeiro "serviço de imprensa" e escreveu uma carta aos editores de todos os jornais do país, que, por seu conteúdo, tornou-se um documento histórico para a profissão de relações públicas e uma excelente orientação para os especialistas modernos.

A Declaração de Lee:

"Este não é um serviço de imprensa secreto. Todo o nosso trabalho é feito às claras. Nós pretendemos fazer a divulgação de notícias. Isto não é um agenciamento de anúncios. Se acharem que o nosso assunto ficaria melhor na seção comercial, não o usem. Nosso assunto é exato. Maiores detalhes, sobre qualquer questão, serão dados prontamente e qualquer diretor de jornal interessado será auxiliado, com o maior prazer, na verificação direta de qualquer declaração do fato. Em resumo, nosso plano é divulgar, prontamente, para o bem das empresas e das instituições públicas com absoluta franqueza, à imprensa e ao público dos Estados Unidos, informações relativas a assuntos de valor e de interesse para o público."

O sucesso do trabalho de Ivy Lee foi rápido, grande e duradouro. Um dos primeiros clientes de Lee, já em 1906, foi a Pennsylvania Railroad, à qual se somaram outras ferrovias e empresas de serviço público que, entre 1900 e 1917, desenvolveram intensamente seu trabalho de relações públicas.

Essas ferrovias, principalmente as de transporte local, foram as primeiras a sentir o ardor da opinião pública irritada e a conseqüente legislação regulamentadora, contrária aos interesses de seus proprietários.

Desde 1897, a expressão "relações públicas" já vinha aparecendo com freqüência cada vez maior nas publicações ferroviárias e nos discursos dos diretores de ferrovias. Em 1909, a revista *Railway Age Gazette* pedia *melhores relações públicas*, num editorial denominado "Procura-se um Corpo Diplomático".

Em 1913, outro pioneiro, J. Hampton Baumgarten, da Baltimore & Ohio Railroad, explicava: "As ferrovias procuravam estabelecer relações mais próximas com o público, principalmente através da imprensa e com sua cooperação". E em 1916, a Père Marquette Railroad criou um departamento completo de relações públicas, uma grande inovação para a época.

Em 1912, o *Electric Railway Journal* afirmava:

"Nas mais agudas e difíceis situações de relações públicas em que se encontram os dirigentes das ferrovias, sempre existe a convicção íntima de que, se os méritos da causa pudessem ser transmitidos ao público e aos legisladores, pelo menos a piedade, e talvez até a justiça pudessem ser obtidas. O único veículo para essa comunicação é a divulgação jornalística educativa".

De 1917 a 1919, período da I Guerra Mundial, houve demonstrações eloqüentes do poder do trabalho de relações públicas com suas promoções para fomentar e desenvolver o patriotismo, vender bônus de guerra e levantar milhões de dólares para assistência social.

Entre 1919 e 1933, as empresas passaram a usar os princípios, técnicas e práticas de relações públicas aprendidos durante a guerra, para promover produtos e fazer a opinião pública aceitar as mudanças ocasionadas pelo desenvolvimento tecnológico, que provocou novo tipo de comportamento e utilização de maior número de produtos de consumo. As técnicas de relações públicas serviram para ganhar batalhas eleitorais e políticas e também para levantar milhões de dólares para causas beneficentes.

Durante a Grande Depressão e a II Guerra Mundial, de 1933 a 1945, prossegue o desenvolvimento das relações públicas, com trabalho de conteúdo semelhante ao período de 1917-1919.

De 1945 para os dias de hoje, há grande desenvolvimento e sofisticação das técnicas e atividades de RP, sendo que atualmente todas as grandes empresas e entidades têm seus departamentos de relações públicas ou utilizam os serviços de assessorias externas, que oferecem serviços especializados a seus clientes[1].

Marcos Históricos nos EUA

1807 — Thomas Jefferson, 3.º Presidente dos EUA, envia mensagem ao Congresso norte-americano apresentando seu Plano de Governo para o exercício de 1808. No texto, ao enfatizar a necessidade de o poder público prestar contas ao povo ele usa, pela primeira vez, a expressão "public relations".

1867 — O Departamento da Agricultura dos EUA, através de sua Civil Service Commission, emprega novamente a expressão "public relations", num opúsculo sobre o modo mais racional de se aproveitar as terras.

1882 — O decano da Yale Law School, da Universidade de Yale, ao inaugurar o ano letivo, emprega a expressão "public relations", no mesmo sentido que Jefferson havia empregado.

1883 — O relatório da American Bell Telephone emprega diversas vezes a expressão "public relations", quando aponta o atendimento que a empresa dispensa ao grande público usuário.

1907 — É criado, no Corpo de Fuzileiros Navais dos EUA, um serviço de RP para atendimento aos cadetes e esclarecimentos da opinião pública sobre os objetivos da Arma.

1910 — Daniel Villard, presidente da Baltimore Railroad, usa a expressão "relações públicas", no texto de seu relatório do exercício.

1916 — Aparece Ivy Lee, revelando-se um verdadeiro "pai" das relações públicas norte-americanas e, mesmo mundiais, ao resolver a greve da Colorado Fuel & Iron Co., do grupo Rockefeller. Ivy Lee faleceu em 1935 e estava então como profissional de relações públicas da Chrysler.

1917 — Foi constituído o primeiro serviço oficial de relações públicas a funcionar em caráter sistemático e permanente, por ato do Pres. Wilson, no Depto. de Guerra dos EUA, sob o nome de "Serviço de Informação Pública".

1923 — Edward Bernays, genro de Sigmund Freud, torna-se o primeiro professor de relações públicas, no mundo, ao lecionar a disciplina na · Universidade de Nova York.

1935 — Surgem outros cursos superiores de RP, nas universidades de Illinois e de Boston.

1945 — É publicado o primeiro livro sobre RP, de autoria de Philip Lesley, da Universidade de Illinois.

1947 — Na Universidade de Boston, é criada a primeira Faculdade de Relações Públicas, hoje Public Communications School, que oferece habilitação em "public relations".

1948 — É criada a PRSA-Public Relations Society of America[2].

2. BRASIL

Considerando-se alguns precedentes históricos, até meados da década de 50 era incipiente a prática das relações públicas, limitando-se a poucas atividades. Confundiam-se relações públicas com relações sociais e algumas empresas exibiam "profissionais" que não tinham outras qualificações senão um nome de família respeitável e um largo círculo de amizades influentes.

Apesar de constar como marco inicial das relações públicas, no Brasil, a criação do Departamento de Relações Públicas da "The São Paulo Tramway Light and Power Co. Limited", em 1914, foi a partir de meados dos anos 50 que as atividades se profissionalizaram. As grandes empresas passam a exigir competência e técnica num setor de atividades anteriormente "sociais", afastando-se os profissionais improvisados. Organizaram-se associações de classe, como a ABRP-Associação Brasileira de Relações Públicas e a Associação dos Executivos de Relações Públicas, em São Paulo. Foram criados os primeiros cursos livres para a preparação de especialistas, surgiram as primeiras assessorias de relações públicas e também as primeiras publicações.

Pode-se inventariar numa seqüência de atos legislativos a evolução das relações públicas, em nosso país, desde os primórdios até a década de 50, nos órgãos governamentais. Consta que o primeiro serviço informativo foi criado em 1911, no Ministério da Agricultura, com o nome de Serviço de Informação e Divulgação. Em 1934 foi criado no Ministério da Justiça e Negócios do Interior o Departamento de Propaganda e Difusão Cultural e com ele passou a funcionar "A Voz do Brasil", que tinha sido criada em 1932. Este Departamento foi substituído pelo DIP-Departamento de Imprensa e Propaganda, diretamente subordinado à presidência da república, em 1939, que subordinava todos os serviços de propaganda, publicidade, imprensa, turismo, radiodifusão e diversões públicas existentes no setor estadual ou municipal.

A criação do Serviço de Informação Agrícola do Ministério de Agricultura marca o aparecimento de um serviço de relações públicas, no campo oficial, em 1940.

Em 1945, o DIP-Departamento de Imprensa e Propaganda foi extinto e foi criado o DNI-Departamento Nacional de Informações, subordinado ao Ministério da Justiça e Negócios do Interior, pondo fim à propaganda oficial, substituída por um serviço informativo à imprensa brasileira. Porém, no mesmo ano, foi extinto o DNI, ficando apenas a Agência Nacional, um de seus órgãos.

No regimento do DASP-Departamento Administrativo do Serviço Público, em 1946, ficam determinadas as atividades de relações públicas, no sentido de incrementar as boas relações entre o DASP, o público e os demais órgãos da Administração Pública, assim como fazer pesquisas de opinião pública em relação às suas atividades e também de outros órgãos administrativos[3].

Estudos mais sérios sobre relações públicas começaram a ser desenvolvidos no Brasil, no final da década de 40, tanto no Rio de Janeiro como em São Paulo, respectivamente na Fundação Getúlio Vargas e no

Instituto de Administração da Faculdade de Ciências Econômicas e Administrativas da USP. No Rio, esses estudos e pesquisas estavam mais voltados para a área governamental, devido ao fato de estar no Rio a Escola de Administração Pública. As pessoas que desenvolviam esses estudos tomavam conhecimento do que se fazia no exterior, identificando necessidades que começavam a surgir aqui.

Em ambas as instituições, os estudos de relações públicas estavam ligados à área da administração e na USP, desde 1948, foram organizados seminários sobre o tema para os alunos da cadeira de Ciência da Administração. Havia outras entidades interessadas em relações públicas, mas de forma mais difusa, pois havia, nessa época, muita confusão com publicidade e propaganda, em parte devido ao trabalho desenvolvido pelo DIP-Departamento de Imprensa e Propaganda, de propaganda governamental, e pelas agências privadas de propaganda.

Em 1949, foi publicado, pelo Instituto de Administração da USP, o trabalho *O Serviço de Relações com o Público no Comércio e na Indústria*, de autoria de May Nunes de Souza, pesquisadora e auxiliar de ensino da cadeira de Ciência da Administração. Devido à repercussão alcançada por esse trabalho, foi organizado um seminário, não apenas para os alunos da USP, mas aberto ao público em geral, no auditório de *A Gazeta*, aonde compareceram pessoas interessadas em administração, publicidade e propaganda, psicologia, história e sociologia, procurando situar as técnicas de relações públicas e procurando esclarecer dúvidas, que na época ainda permaneciam.

Em 1953, a Fundação Getúlio Vargas estava muito interessada na aplicação das técnicas de relações públicas à administração pública. Contratou o Prof. Eric Carlson para ministrar o curso, e formou-se um grupo integrado por profissionais do mais alto gabarito, entre eles, Roberto Petis Fernandes, Florindo Villa-Alvarez, Simas Pereiras e Benedito Silva, homem de idéias avançadas, que teve o grande mérito de chamar a atenção, na FGV, para a importância das relações públicas e dos serviços de informação na administração pública federal.

Este grupo optou por fundar uma Associação Brasileira de Relações Públicas, em vez de promoverem mais um "chapter" da PRSA-Public Relations Society of America, no Brasil. Assim, realizou-se no Country Clube do Rio, em 1953, uma reunião para discutir os estatutos e fundar a ABRP-Associação Brasileira de Relações Públicas, ocasião em que estavam presentes os membros acima citados. Entretanto, a criação da ABRP só se concretizou um ano mais tarde, no IDORT-Instituto de Organização Racional do Trabalho, em São Paulo, onde foram discutidos seus estatutos e, em agosto de 1954, foi fundada a entidade e empossada a primeira diretoria. No grupo de trabalho do IDORT destacavam-se, entre outros, Ubirajara Martins, Manoel dos Reis Araújo, Hugo Barbieri, Nelson Nóbrega, Aníbal Bonfim, Murilo Mendes e outros.

Em 1955, foi introduzida a disciplina de Relações Públicas na ESAN-Escola Superior de Administração de Negócios, da Fundação de Ciências Aplicadas, em São Paulo, embora muitas pessoas não acreditassem nessa disciplina. Sua introdução foi conseguida graças aos esforços do Prof. Mario Moretti, que conhecia os estudos sobre relações públicas, já bem desenvolvidos na Universidade de Roma, principalmente voltados para a área empresarial.

Em 1956, por determinação de Jânio Quadros, governador do Estado de São Paulo, foi realizado um seminário para os Redatores do Estado, com a participação, entre outros, de Mauro Brandão Lopes (ciência política), Juarez Brandão Lopes (sociologia), Neville Shepherd (informação) e Octavio da Costa Eduardo. Esse seminário visava conscientizar os redatores, na sua maioria jornalistas, sobre a importância dos modernos serviços de informação governamental, da sua política e organização. O seminário contribuiu para a formação de profissionais de porte como Armando Figueiredo, Cândido Teobaldo de Souza Andrade, Israel Dias Novaes, Therry de Rezende e outros.

Durante a década de 60 foram dados cursos profissionalizantes no IDORT, sob a orientação de José Roberto Whitaker Penteado, Nelson Marcondes do Amaral, Comandante Túlio de Azevedo e Cândido Teobaldo de Souza Andrade.

No final dos anos 60 aparecem as Faculdades de Comunicação Social, com especialização em Relações Públicas.

Notas

1) Para as notas históricas, foram utilizados os textos das obras usuais de Relações Públicas e pesquisa realizada pelo Depto. de Relações Públicas de Salles/Inter-Americana de Publicidade S.A.

2) Para a elaboração deste levantamento cronológico, agradecemos a colaboração de Antonio da Silva Leite, superintendente do CONRERP-Conselho Regional de Profissionais de Relações Públicas.

3) Para maiores detalhes quanto à História das Relações Públicas, no Brasil e quanto às Relações Públicas Governamentais com suas datas e números de Leis e Decretos, consultar:
Andrade, Cândido Teobaldo de Souza, *Para entender relações públicas*. 2.ª ed., São Paulo, Biblos, 1965, pp. 66-96.

CAPÍTULO III

Aspectos Sociológicos e Administrativos das Relações Públicas

1. ASPECTOS SOCIOLÓGICOS

Recorrendo a um autor clássico como Durkheim, pode-se conceber o homem como um ser explicado totalmente pela sociedade. Acolher em todos os seus termos essa concepção, seria talvez radicalizar um determinado modo de explicar o homem, esquecendo variáveis fundamentais de ordem psicológica. O que se deseja, porém, neste momento histórico da vida social, é realçar a pressão das influências sociais sobre o homem, capaz de arrastá-lo a mudanças estruturais e, com ele, alterando a sociedade.

Os movimentos e as mudanças sociais decorrem desse fato, afastadas quaisquer discussões acadêmicas. Na sociedade de massa, dominada por comportamentos oriundos do impacto da individualização e da tecnologia, os processos de comunicação tendem a um contexto mais próximo de uma teoria geral da sociologia e da administração. Isto porque as situações humanas passam a ser predominantemente societárias, e internalizadas no complexo organizacional.

1.1. Efeitos dos Meios de Comunicação de Massa sobre a Audiência

A análise das variáveis sociológicas supõe o estudo dos meios de comunicação de massa e da opinião pública.

Os instrumentos de comunicação de massa constituem os recursos de opinião pública, que contribuem para a modificação da mentalidade individual ou coletiva. Segundo Stoetzel[1], o processo de opinião pública varia de acordo com o quadro sociológico onde ocorre, diferindo quando se produz numa sociedade rural ou industrializada. Na primeira, há fraca diferenciação de papéis, que se torna muito pronunciada nas segundas, devido à grande densidade humana, diferenciação muito pronunciada de papéis, relações fragmentárias entre os indivíduos que se comunicam por seus papéis especializados e não pela qualidade de pessoa.

Na sociedade complexa, os valores tradicionais foram rompidos e, assim, o indivíduo deve opinar isoladamente, sem o apoio do seu grupo, sem dados de referência, sem guias. Desse modo, ele paira como objeto das comunicações de massa recebendo, sem escudos protetores, influências dos grandes órgãos de informação coletiva. Por seu intermédio, os indivíduos ficam informados a respeito das atualidades, dos fatos mais importantes que ocorrem no país e no exterior e recebem ainda, como funções secundárias das instituições de informação coletiva, recreação e fortalecimento dos laços sociais.

Entretanto, devemos considerar que os efeitos dos meios de comunicação de massa sobre a audiência raramente incidem diretamente sobre ela em correspondência ao intento do comunicador, no que se refere ao conteúdo da comunicação. O conteúdo da comunicação de massa alcança a audiência através de um quadro seletivo da atenção e da percepção e sofre também o processo seletivo da transmissão.

Os veículos de comunicação de massa são simultaneamente receptores e transmissores de mensagens. As notícias que são recebidas por telex, vindas das agências noticiosas, são triadas e reformuladas. Os veículos se utilizam de processos de valorização ou de desvalorização das mensagens, ou seja, cada veículo dá uma importância à informação recebida em bruto. Por meio de tratamento espacial e visual das técnicas de diagramação e pela adição ou omissão de itens da mensagem, conseguem dar a "personalidade do veículo".

Além dos processos de tratamento das informações pelos veículos de comunicação de massa, as mensagens também são afetadas pelas condições psicológicas individuais, pelas predisposições e pelos *elementos culturais*, pelo *tipo de socialização recebido*, pela *adaptação aos padrões culturais* e pela *filiação a grupos ou públicos* dos elementos que integram a audiência.

Assim, toda a carga social que cada pessoa traz em si, pode operar para bloquear ou modificar o efeito desejado pelo comunicador. Vários estudos têm demonstrado que as predisposições culturais pesam consideravelmente e os preconceitos arraigados às pessoas encontram muitos meios de evasão com relação às mensagens de propaganda. A "defesa" das pessoas é evitar as intenções de identificação, invalidar a mensagem, mudar seu quadro de referência, simplesmente não aceitar a mensagem.

Na sua função de informar, distrair e formar, os veículos de comunicação de massa difundem mitos. O uso de estereótipos verbais leva à percepção padronizada dos membros de um grupo. Continuamente afirmam o *status quo* e deixam de levantar questões essenciais sobre a estrutura da sociedade. Esse comportamento leva ao conformismo e fornece pouca base para uma apreciação crítica da sociedade. São explorados aspectos emocionais e irracionais. *Slogans* são usados para associar qualidade a um objeto ou a uma idéia e serão percebidos como afirmação, mesmo que o conteúdo seja negativo. Por exemplo, campanhas publicitárias honestas, que perdem para apelos emocionais irracionais.

Os veículos de comunicação de massa, patrocinados de maneira comercial, restringem indireta mas efetivamente o desenvolvimento consciente de uma visão genuinamente crítica. Existem artigos e principalmente editoriais críticos, assim como programas de rádio e TV com avaliação crítica e racional de problemas sociais, mas são esmagados pela torrente de matérias conformistas. Temas "perigosos" como problemas raciais, divórcio, aborto, podem ser incluídos nas programações, mas podem afastar consumidores em potencial e afetar a rentabilidade da empresa patrocinadora. Contribuições dotadas de visão "progressista" são incluídas por beneplácito dos patrocinadores, desde que sejam suficientemente aceitas pela audiência. A pressão econômica contribui para o conformismo omitindo as questões sensíveis.

Atingindo platéias extremamente numerosas, os meios de comunicação de massa exercem várias funções sociais, entre elas[2]:

a) controle social,
b) conformar a massa ao *status quo* social e econômico,
c) alcançar objetivos sociais definidos pela monopolização,
d) produzir impacto sobre o gosto estético popular,
e) atribuir *status,*
f) liderar a moda.

a) *Controle social* — As sociedades complexas são sujeitas a diversas formas de controle organizado. Ao invés de empregar meios mais diretos de controle, os grupos de poder vêm adotando técnicas indiretas para manipular as massas através da propaganda. Entre os grupos de poder, o mundo dos negócios ocupa posição de grande destaque. As organizações industriais que obrigavam crianças de oito anos a trabalhar em máquinas durante 14 horas por dia, hoje preocupam-se com requintados programas de relações públicas. Organizam competições à base de prêmios, patrocinam programas de TV, estabelecem associações de beneficência e apóiam causas meritórias, sob a orientação de conselheiros de relações públicas. O poder econômico parece ter reduzido a exploração direta, voltando-se para um tipo mais sutil de exploração psicológica alcançada pela propaganda disseminada pelos meios de comunicação de massa.

b) *Conformar a massa ao* status quo *social e econômico* — O contínuo assalto dos meios de comunicação de massa diminui a capacidade crítica das pessoas, levando-as ao conformismo. O fato de estar exposto a uma avalanche de informações pode servir para narcotizar o indivíduo médio, ao invés de estimulá-lo. Pode fazer com que ele confunda o fato de conhecer os problemas cotidianos com o fato de atuar sobre eles. Ele está preocupado com o que acontece, está informado, tem muitas idéias do que deve ser feito, mas após o jantar, depois do telejornal, já é hora de dormir. Assim, os meios de comunicação de massa, ao mesmo tempo que elevam o nível de informação podem levar os indivíduos de uma participação ativa a um mero conhecimento passivo.

Não é nem o leitor, nem o ouvinte que sustentam os veículos de informação, mas o anunciante, os representantes das grandes empresas que financiam a produção e distribuição dos meios de comunicação. Assim, estes contribuem para a manutenção do *status quo*, na medida que são sustentados pelos interesses das grandes firmas que se engrenam no sistema econômico. Ao afirmarem o *status quo* os meios de comunicação deixam de levantar questões essenciais sobre a estrutura da sociedade, levando ao conformismo e fornecendo pouca base para uma apreciação crítica da sociedade. Patrocinados comercialmente, restringem indireta mas efetivamente o desenvolvimento consciente de uma visão genuinamente crítica.

c) *Alcançar objetivos sociais definidos* — Uma situação de monopolização dos meios de comunicação é atingida quando há pouca ou nenhuma oposição na difusão de valores, políticas ou imagens públicas, ou seja, ocorre na ausência da contrapropaganda. A monopolização é inerente à estrutura política da sociedade autoritária, onde o acesso aos veículos de comunicação está fechado àqueles que se opõem à ideologia oficial. Esse tipo de monopólio desempenhou papel importante para que os nazistas mantivessem o controle sobre o povo alemão. Em situação oposta, a propaganda de vários partidos políticos neutraliza os efeitos de cada um. Quando as propagandas políticas opostas são contrabalançadas, o efeito líquido fica equilibrado.

d) *Produzir impacto sobre o gosto estético popular* — Será verdadeira a afirmação de que o gosto popular é notoriamente baixo? E que os gostos estético e intelectual são corrompidos pelo fluxo de produtos de fórmula trivial da imprensa; das transmissões de rádio e televisão e dos estúdios de cinema? Os gostos estéticos devem ser considerados em seu cenário social. Até o início da industrialização, com sua conseqüente concentração urbana e expansão demográfica, somente uma ínfima minoria possuía meios para comprar livros, assistir a peças de teatro e viajar para os centros artísticos. Estes poucos felizardos cultivavam seus gostos estéticos e sua demanda seletiva deixou sua marca na forma de padrões artísticos relativamente altos. Com a ampliação extensiva da educação popular e com o surgimento de novas técnicas de comunicação de massa, desenvolveu-se um mercado grandemente ampliado para a arte. Algumas formas de música, drama e literatura alcançam grandes parcelas de nossa sociedade. No Brasil, com a massificação do ensino, as grandes platéias dos meios de comunicação de massa, embora alfabetizadas, não têm refinamento erudito.

Com o surgimento da educação popular, parece ter havido um declínio no gosto popular. Grande número de pessoas adquiriu o que se poderia chamar de "capacidade formal de leitura", ou seja, uma capacidade de ler, compreender conteúdos elementares e superficiais, assim como uma correlativa incapacidade de absorver o sentido global do que leram. As pessoas lêem mais e compreendem menos. Maior número de pessoas lê, contudo menor número assimila criticamente o que leu. É enganador falar-se de declínio do gosto estético. Enquanto a elite de ontem constituía o total da platéia, hoje ela é uma fração diminuta do conjunto. Esta é uma questão que demanda maiores estudos e pesquisa. É possível que padrões de formas artísticas produzidas para pequenos círculos e platéias restritas e selecionadas não sejam aplicáveis às formas de arte produzidas pela gigantesca indústria dos meios de comunicação de massa, para a população em geral.

A educação de massa é superficial e os veículos de informação mostram alguma coisa sobre os grandes problemas políticos, mas não se aprofundam nos assuntos. Daí a grande defasagem entre o conteúdo aprofundado de editoriais jornalísticos e os níveis correntes da educação popular.

A substituição de programas populares por outros de cunho mais erudito encontra profunda resistência da platéia de massa, quanto à elevação de padrões. Pessoas que se supunha serem beneficiadas pela reformulação dos programas, simplesmente deixam de escutá-los. A audiência torna-se rarefeita.

e) *Atribuir* status — Os meios de comunicação de massa atribuem *status* às causas públicas, às empresas, aos movimentos sociais e às pessoas. Seu prestígio aumenta consideravelmente quando há repercussão positiva nos veículos de informação. As personalidades despontam, um "alguém" de opinião e comportamento bastante significativos para atrair a atenção do público. O mecanismo desta função de atribuição de *status* é patente na propaganda-padrão com testemunhos, em que "pessoas importantes" endossam um determinado produto. Seu testemunho é o testemunho de seu próprio *status*. O público dos *mass media* aparentemente é adepto da crença circular: "Se você realmente é importante, estará no foco de atenção da massa, e se você está no foco de atenção da massa, então com certeza você é realmente importante".

f) *Liderar a moda* — A moda não implica somente nas roupas, penteados, maquilagem, jóias e acessórios, mas engloba a pessoa inteira, compreendendo seu estilo de vida, sua linguagem e seu próprio comportamento e suas atitudes. Sentir-se atualizado e "na moda" é uma maneira de se identificar com o grupo. Como afirma Flügel[3], a moda associa-se psicologicamente a certo exibicionismo, certa vontade de se fazer notar, que deve ser compreendida num contexto de competição, simultaneamente social e sexual.

Consumir é sempre escolher dentre extensa gama de possibilidades e implica que as necessidades, longe de serem ilimitadas, sejam sempre determinadas pela dupla característica de seres sociais civilizados e limitados pelas regras sociais. Assim, seguir a moda leva não somente à escolha, mas também à limitação.

A economia dos países industrializados manifesta um deslocamento progressivo de compra, à medida que as possibilidades novas se oferecem ao consumo. Dessa forma, os produtos sujeitos à moda aumentam e a moda cessa de ser um fenômeno secundário para se tornar um grande princípio econômico, que concerne à totalidade da população.

1.2. Modas, Atitudes e Formas de Comportamento

Dentro deste capítulo, destaca-se por sua importância sociológica este fenômeno irreversível e que exerce verdadeira tirania sobre os grupos sociais — a moda.

Antes da revolução industrial, a moda atingia apenas as minorias privilegiadas. A moda era o meio pelo qual essas pessoas se distanciavam do "vulgar". Atualmente ela não é mais exclusiva, tornou-se um meio de adaptação que evolui de acordo com leis próprias.

A moda atinge principalmente a classe média das sociedades urbanas, ficando de fora a classe superior (que praticamente dita a moda, embora há muito tenha perdido seu papel de dominadora) e as classes baixas dos braçais, assim como o proletariado rural.

No final do séc. XIX aparece nova classe social, até então em número insignificante: a dos empregados, pálida imitação da classe média dos séculos precedentes. O empregado adota o *white collar* de seus superiores. A aparência exterior das pessoas ganha nova força.

Nas sociedades industrializadas o número de empregados suplanta o número de operários, já no final do séc. XIX. Entre os empregados de hoje, encontram-se desde funcionários de balcão até os principais executivos cujas rendas se igualam à dos ricos.

O prestígio do homem de negócios de hoje mede-se menos pela sua fortuna ou renda — embora isso seja importante — do que pelo tamanho de sua empresa. Ele assimila o prestígio do poder de sua companhia, calculado pelo seu tamanho e pela posição que ele ocupa em sua hierarquia. Este executivo de hoje assemelha-se ao membro de elite das antigas classes superiores locais; todavia, graças aos meios de comunicação de massa, ganha uma projeção antes desconhecida.

Estes executivos, ao invés de criados, têm uma fileira de secretários particulares; ao invés da boa e velha mansão, o escritório forrado; ao invés do carro particular, a limusine da companhia. Freqüentemente, há ao mesmo tempo a boa e velha mansão, o escritório forrado, mas seu prestígio advém da posição que controla e não da família a que pertence[4].

Além dos elevados salários, os executivos têm uma série de facilidades como o apartamento pago pela companhia, o carro, os restaurantes de luxo, os serviços de advogados e contadores da companhia, assistência financeira e jurídica, taxas e mensalidades de clubes, o visto de saída sempre em dia, fundos de bolsas para os filhos e uma maneira mais flexível de declarar os impostos.

Eles "pertencem a uma empresa" e têm poder decisório que irá afetar a vida de centenas e milhares de pessoas — é isso que os diferencia da classe média anterior.

Toda essa gama de empregados, junto aos profissionais liberais, funcionários, artistas e comerciantes, que constituem o que chamamos de classe média, é que consome a moda. É nas grandes empresas que começa o moderno estilo de consumo, onde as pessoas são avaliadas não pelas suas origens e procedência, mas pela sua formação profissional e pela sua apresentação.

O indivíduo geralmente sofre influência dos grupos a que pertence e às vezes também do grupo ao qual aspira pertencer, quanto a costumes, hábitos e maneiras de se vestir e falar, embora essa influência seja seletiva e não se aplique igualmente a todos os produtos e marcas.

Devido à identificação com os grupos é que os produtos comprados estão de acordo com o que se chama "estilo de vida" e *status*.

O indivíduo pode ser *atraído* (quer se assemelhar, quer ser igual) ou *afastado* (não quer se assemelhar, evita ser igual) de certos grupos. Por exemplo: o presidente de um banco sabe que espécie de casa, mobília, roupas, carro, e lazer lhe convém.

As referências negativas das atitudes sociais a um grupo, levam às referências positivas a outro grupo e vice-versa, de maneira que as atitudes são duplamente reforçadas. Como, por exemplo, a campanha feita para mulher tomar café, em pé, em bar, a fim de aumentar o consumo do produto.

O indivíduo muitas vezes seleciona valores similares aos de sua família. Daí apelos promocionais evocando o testemunho de pessoas mais velhas. Por exemplo, "o leite condensado que vovó usava". Outras pessoas evitam e adotam valores antagônicos aos de suas famílias. Por exemplo, jovens do interior que vêm estudar na Capital e adotam atitudes políticas de esquerda, moram em "repúblicas" e renegam certos valores tradicionais.

Existe certa combinação entre os valores familiares (socialização) e valores pessoais assimilados (quando forem diferentes), devido a contatos com grupos diferentes. Os casais que vão morar em outra cidade, por exemplo, irão sentir as influências dos novos grupos com os quais se identificarão. É o processo da "troca de gostos".

De acordo com estudo feito pelo Bureau of Applied Social Research da Universidade de Colúmbia, foram consideradas quatro categorias de produtos[5]:

— aqueles que são comprados por imitação aos grupos de referência, tanto o produto como a marca;

— os grupos influenciam na compra do produto, mas não na marca;

— os grupos influenciam na marca, mas não no produto;

— os grupos não influenciam nem no produto, nem na marca.

1.3. A Força da Marca

Roupas e artigos de consumo são encontrados a todos os preços, mas tornam-se desmesuradamente elevados em se tratando de marcas famosas. O indivíduo compra a marca que tem prestígio em todo o mundo, como *whisky*, champanhe, cosméticos, perfumes e acessórios, máquinas fotográficas, malas, relógios, roupa esportiva, camisas, etc.

Parece que o valor emocional e estético atribuído a esses artigos sobrepõe-se a qualquer consideração de ordem econômica.

Geralmente os produtos das marcas famosas são sóbrios, discretos e considerados de "bom gosto", afastados de toda excentricidade. (A moda excêntrica e exótica pode cair na cafonice.)

Com a uniformização e democratização da moda, não são os grandes contrastes que causam impressão — já não existem as grandes diferenças entre as elites das sociedades nobres e o povo — são as nuances e os detalhes que fazem a diferença. Por exemplo, é o tecido e o corte da camisa do jovem executivo, que irá diferenciá-lo do funcionário subalterno, dentro do mesmo estilo esportivo.

O consumo de massa refuta a monotonia de artigos, proporciona infinitas ofertas, diferenciadas nos mínimos detalhes.

A moda é essencialmente dinâmica, de acordo com seu papel no conjunto da civilização e muda quando um movimento súbito e brutal modifica um sistema tradicional, como uma guerra mundial, por exemplo. A moda se distingue por um ritmo de duração breve e pode-se dizer que todos os estilos começaram como modas — isto é, modas que se cristalizaram, após algum tempo e permaneceram de maneira durável. Por exemplo, estilo *jeans*, agora até em automóvel e acessórios; estilo esportivo masculino brasileiro, etc.

Um novo estilo explica a expectativa que os grupos têm da vida e do mercado. Essa expectativa determina a escolha que farão entre a imensa variedade de produtos disponíveis.

2. ASPECTOS ADMINISTRATIVOS

As considerações sociológicas acima citadas são fundamentais, tendo-se em vista a evolução das estruturas organizacionais, dentro do universo da sociedade industrial, no campo da informação.

E é exatamente do ponto de vista da necessidade de informação que se justificam as *relações públicas*. Elas completam os objetivos da organização para melhor atingirem os seus fins, melhor instruindo e conduzindo a opinião pública.

A gênese das relações públicas está relacionada com a forma moderna da estrutura organizacional. Assim, o termo *organização* aparece para designar um tipo de agrupamento humano, criado para atingir fins específicos e preencher certas necessidades da sociedade. É certo que em qualquer organização encontramos três condições necessárias à sua existência, a saber, *pessoas em interação* (agrupamento humano), *objetivos* (fins específicos) e *função social* (atendimento a certas necessidades da sociedade).

Além dessas três condições, as organizações possuem uma *estrutura* própria com um arranjo de atributos que lhes são peculiares e uma série de *atividades independentes*, que implicam em coordenação efetuada através de comunicação. Podemos estender estes elementos de caracterização a todas as organizações modernas.

Adotando a teorização apresentada pela Profa. Tereza Halliday, na estrutura organizacional podemos observar três fenômenos, em função dos quais se ordenam os atributos que a compõem: 1) territorialidade; 2) especialização e 3) padronização[6].

Verificando-se o sentido desses atributos, a *territorialidade* pode ser interpretada no sentido físico do espaço ocupado pelas instalações de uma organização, como também no sentido do delineamento do que pertence, ou não, àquela organização: seus membros (afiliação) e/ou o material ou assunto com o qual lida a organização (atividade). A *especialização* se refere a outras características fundamentais da estrutura das organizações: a divisão do trabalho e conseqüente hierarquização de seus membros, que por sua vez faz com que acarrete a delegação e divisão de responsabilidades. A *padronização* se refere à maneira preestabelecida e formalizada de efetuar as diversas operações que fazem funcionar uma organização, desde a aquisição e processamento da matéria-prima, até a correspondência administrativa, o estilo de tomar decisões, os critérios de seleção, promoção e remoção de pessoal. A padronização se expressa através de regras (estatutos, regulamentos de serviço), que regulam as atividades da organização e normas (ou regras não explícitas, aceitas por consenso), que regulam o comportamento de seus membros.

Tendo em vista esses três fenômenos, podemos compreender a estrutura de uma organização resultando do arranjo destes elementos essenciais:

a) afiliação;

b) atividade (material ou assunto processado pela organização);

c) divisão de trabalho;

d) hierarquia;

e) delegação e divisão de responsabilidades;

f) regras e normas;

g) distribuição de papéis.

A atividade de uma organização, isto é, a produção de um objeto ou serviço, é realizada graças à estrutura organizacional e às atividades interdependentes de seus membros.

Toda organização pode ser considerada como uma agência de desenvolvimento, no sentido de que seu objetivo e função se prendem ao fornecimento de programas para aperfeiçoar o seu processo. Em sua estrutura, a *informação* é um *input* essencial ao seu funcionamento como também à produção dos *outputs* necessitados pelo ambiente com o qual ela interage. Daí porque as organizações precisam funcionar como sistemas de comunicação, recebendo, processando e difundindo informação, seja sobre as necessidades do ambiente, seja sobre as atividades do seu pessoal, seja ainda sobre a produção de seu *output* e utilização do mesmo pelo ambiente. E na medida em que se diferenciam as organizações, surge a chamada *informação especializada*, ou seja, relativa à matéria tratada por determinado campo profissional, e ligada aos serviços profissionais de certos técnicos — neste caso, os especialistas em relações públicas. São eles que desempenham o papel de comunicadores de informação especializada. Na medida em que tratam com *públicos específicos*, emitem *mensagens específicas* utilizando *linguagens distintas*. A comunicação de informação racionalizada e especializada passa a constituir-se em condição necessária ao desenvolvimento.

Em conclusão, podemos apresentar este esquema das etapas de planejamento da empresa em que se incorporam as Relações Públicas como decorrência de sua articulação a uma teoria das organizações:

a) Planejamento da produção;

b) Planejamento das operações;

c) Planejamento financeiro;

d) Planejamento dos recursos humanos;

e) Planejamento de comunicação — Relações Públicas.

Com a adição do quinto item, dá-se relevo à informação como elemento fundamental para a consecução dos objetivos específicos da empresa. Um setor de relações públicas assim implementado, permitirá à organização adaptar-se às transformações do ambiente, e produzir *outputs* que correspondam às suas exigências.

Pode-se concluir pela afirmação de que não se poderá conceber uma organização empresarial sem um planejamento de Relações Públicas. A justificativa desta exigência está amparada nos ensinamentos da teoria sociológica e da teoria administrativa.

Assim, a interação social deverá ser bem conduzida através de uma ordem administrativa, que atenda às suas necessidades atuais e futuras.

Notas

1) Stoetzel, Jean, *Psicologia social,* Trad. Haydée Camargo Campos. São Paulo, Cia. Editora Nacional, 1976, pp. 297-300.

2) Merton, Robert K. & Lazarsfeld, Paul F., "Comunicação de massa, gosto popular e a organização da ação social". Trad. Carmen Dora Guimarães, *in* Lima, Luiz Costa. *Teoria da cultura de massa* (Seleção de textos). Rio de Janeiro, Saga, 1969, pp. 103-125.

3) Flügel, J.C., *Psychology of clothes,* Londres, Hogarth, 1930, pp. 138-140.

4) Mills, C. Wright, *A elite do poder,* trad. W. Dutra, 3.ª ed., Rio de Janeiro, Zahar, 1975, pp. 102-166.

5) Myers, James H. & Reynolds, William H., *Gerência de marketing e comportamento do consumidor,* Petrópolis, Vozes, 1972, p. 205.

6) Halliday, Tereza Lúcia, *Comunicação e organização no processo do desenvolvimento,* Petrópolis, Vozes, 1975, Cap. II.

CAPÍTULO IV

O Processo de Relações Públicas

É importante considerar, no plano de estrutura organizacional, a noção de *processo* para auxiliar a sua interpretação científica. Trata-se das atividades da organização enquanto interação de seus membros, reunindo uma série de variáveis psicossociais decorrentes da própria estrutura organizacional e ao mesmo tempo contribuindo para que a organização seja assim estruturada. Por exemplo, liderança, poder e tomada de decisões existem em função da decisão de trabalho e da hierarquia. Atribuição de *status* é um fenômeno intrínseco à filiação. O estabelecimento de objetivos é, por sua vez, parte da atividade da organização. Por fim, pode-se citar os processos de coordenação e comunicação como existentes em função das regras, normas e distribuição de papéis.

O processo de relações públicas se insere no próprio processo de racionalização burocrática, enquanto substituição consciente dos motivos de uma ação por motivos outros socialmente aceitáveis. A organização empresarial ou pública, que envolveu sempre motivos econômicos, para chegar às suas metas de eficiência depende de uma interação baseada na comunicação de informações, ou seja, mediante um *processo de relações públicas*. Daí mesmo a justificativa do conceito de processo como sucessão sistemática de mudanças, numa direção definida.

O processo de relações públicas será abordado neste capítulo, da maneira clássica como é entendido pelos profissionais da área.

As várias atividades de relações públicas, como campanhas, promoções, eventos, seguem as etapas cujo conjunto é chamado de processo de relações públicas. Essas etapas são as seguintes: diagnóstico (pesquisa); planejamento; orçamento; execução; avaliação.

1. DIAGNÓSTICO (PESQUISA)

Os trabalhos de relações públicas são iniciados por um levantamento de dados, que irão fornecer um panorama da realidade na qual será desenvolvida a atividade.

O levantamento de dados pode ser feito através de uma pesquisa bibliográfica, ou por meio de *desk survey,* isto é, pesquisa de dados em publicações diversas como jornais, revistas, folhetos, catálogos, guias, etc. e trabalhos feitos anteriormente sobre o mesmo assunto. A pesquisa *documental* envolve toda a documentação empresarial, incluindo atas, balancetes, registros em cartórios e outras que possam interessar. A pesquisa pode envolver *entrevistas individuais,* quando há o intento de se fazer estudos de caso. A partir desses levantamentos de dados será estabelecida a necessidade, ou não, de se fazer uma pesquisa de campo.

Determinada a necessidade ou não de ser feita uma pesquisa de campo, cabe ao Departamento de Relações Públicas coordenar seu desenvolvimento dentro da verba estabelecida, proceder ao planejamento das atividades em questão, executar os trabalhos e, por fim, proceder à avaliação.

1.1. Pesquisa de Campo

A pesquisa de campo implica em rigor científico para a sua execução e segue uma metodologia específica, aplicável aos vários campos das ciências sociais.

As pesquisas geralmente usadas em relações públicas são:
— para caracterização de públicos;
— pesquisa de opinião, junto à comunidade; junto aos consumidores; junto a públicos externos específicos; junto ao público interno, etc.

A pesquisa de campo se diferencia tanto do censo, do *survey,* como da *enquête.* Diferencia-se do *censo,* pois este se utiliza de seu universo global, enquanto que a pesquisa de campo geralmente é feita por amostragem. No *survey* são conhecidos alguns dados do entrevistado, que pode ser identificado por sexo, idade, profissão, estado civil, grau de escolaridade, etc. Entretanto, o *survey* não segue o mesmo rigor que a pesquisa de campo, é mais superficial e pode servir para a aplicação do pré-teste da pesquisa de campo e, também, não apresenta quantidade de cruzamentos de dados. A *enquête* é bastante usada pelos meios de comunicação de massa para conseguir uma rápida abordagem sobre assuntos momentosos e problemas que atingem a população, conseguindo assim rápida visão da opinião pública, de maneira completamente aleatória. Não há identificação do entrevistado, nem determinação do universo, nem da amostragem e as perguntas são geralmente abertas.

As pesquisas em ciências sociais devem aplicar técnicas e métodos elaborados dentro de um quadro sociológico definido de nossa realidade social. Assim, nas pesquisas feitas na área de relações públicas são usados os critérios do IBGE para a determinação das variáveis demográficas, e a Tabela de Pontos dos critérios da ABA/ABIPEME-Associação Brasileira de Anunciantes para a determinação da classe sócio-econômica do entrevistado.

Para levantar as *variáveis demográficas* são coletados os dados sobre sexo, idade, estado civil, religião, nacionalidade, profissão, atividade. Para determinar a *classe sócio-econômica* são considerados o grau de escolaridade, número de automóveis, número de empregados e de eletrodomésticos que o entrevistado possui. Para determinar a *mobilidade e a qualificação* são considerados: local de nascimento; local de residência; profissão do pai; componentes familiares, tais como número de filhos, número de irmãos, quantas vezes já foi casado; renda familiar, ou considerando-se uma variável mais complexa como o nível da renda, isto é, o reflexo imediato da remuneração recebida, ou determinação de seu poder aquisitivo, ou seja, a capacidade de liquidez imediata que ele apresenta para consumir e não apenas a relação entre o custo de vida e a renda. Para determinar a *condição de vida* do entrevistado, são levantados os dados quanto ao aspecto habitacional — natureza do imóvel; produtos ou bens que consome; atividades de fins de semana; hábitos de leitura e fontes de informação. Dependendo do tipo de pesquisa, podem ser levantadas *variáveis psicológicas*, através de dados sobre a personalidade do entrevistado e *variáveis políticas*, para conhecer a opinião do entrevistado sobre a vida política nacional e/ou internacional. Para estes dois últimos itens podem ser preparados quadros seguindo as técnicas de escalonamento — seja, escalas de ordenação, de coerência interna ou escalogramas. O método de coerência interna também se aplica no escalonamento de uma variedade de valores sociais. Pode-se aplicar escalas já construídas para medir, por exemplo, o fenômeno de *status* social urbano e participação na comunidade; ou para medir o *status* social rural; ou as condições do ambiente de vizinhança; ou a qualidade da habitação; ou combinar várias categorias de índices de saúde da comunidade.

2. PLANEJAMENTO

Planejamento e avaliação são duas importantes funções administrativas, o planejamento voltado para o futuro e a avaliação analisando o passado. Somente integradas e solidariamente dispostas é que essas funções têm importância para o executivo.

Pode-se considerar, de acordo com o consenso dos autores, que planejamento é o processo pelo qual o dirigente olha o futuro e descobre as possibilidades de alternativas que se oferecem.

O planejamento torna-se necessário e imprescindível no momento em que as organizações começam a crescer e através dele serão estabelecidos os objetivos administrativos da empresa.

Para se elaborar um planejamento usamos táticas de associação de idéias que serão relacionadas e equacionadas dentro de um processo criativo desenvolvido e aprimorado constantemente pelo grupo que o desenvolve. Um dos sistemas mais adotados para se reunir essa soma de velhas experiências e novas aspirações é o *brainstorm*.

O planejamento constitui um processo contínuo e dinâmico e é constituído por vários *planos* — que são premissas de decisões a serem tomadas no futuro. Os planos podem ser considerados como um curso de ações predeterminadas, devem ser completos e amplos.

Durante um planejamento, devem ser considerados também os "planos de alternativas", a fim de possibilitar as condições de inviabilidade de determinadas idéias e ações.

Os planos podem ser definidos como providências a serem tomadas para se atingir as metas estabelecidas. Os planos geralmente indicam o *onde*, o *como* e o *porque*:

— o que deve ser feito (definição do trabalho);

— quem deve fazer (cronograma e fluxograma);

— quando deve ser iniciado e terminado (*dead line*);

— onde deve ser feito;

— como deve ser feito (técnicas e estratégias);

— porque está sendo feito.

Todo planejamento tem tempo limitado para ser executado. O fator *tempo* é importante e deve ser considerado atentamente, pois:

— há complexidade na coleta de dados de diversas fontes e é necessária a aferição de tais dados e a sistematização dos mesmos;

— o período de tempo que separa a preparação dos planos e sua execução é denominado de "tempo-guia";

— o tempo para a execução do projeto é muito importante. A velocidade da efetivação do plano pode afetar o grau de minúcias que o planejamento procurou esmiuçar;

— a extensão do período desejado para planejar também é relevante.

Os planos podem atender a necessidade de semanas, meses ou anos. Com os computadores torna-se exeqüível testar, em condições simuladas, as probabilidades de êxito do programa. E, com isso, chegar a conclusões importantes e rentáveis para o planejamento.

Riscos psicológicos do planejamento. O planejamento pode ser afetado por alguns fatores puramente psicológicos, como:

— Bloqueio, isto é, ligação com problemas passados. O planejador pode "ter preguiça" de desenvolver certa linha de trabalho, por estar bloqueando aquela linha, devido a uma experiência não muito bem-sucedida, no passado.

— Pressuposições *versus* fatos. O planejador pode ser levado a se basear em pressuposições que não são fatos reais. Assim, todo um planejamento pode ser "furado", se os fatos reais não forem levantados e analisados. Daí a necessidade da pesquisa prévia.

— A não aceitação do desagradável. Quando a realidade pode parecer difícil de ser entendida e aceita, prejudicando uma análise desapaixonada do problema.

Características do planejamento — para se planejar, dentro de uma empresa, deve-se ter um modelo de planejamento, que pode ter as seguintes características:

Ser simples — de tal maneira que permita ao gerente de relações públicas planejar as suas próprias atividades a despeito das pressões encontradas no trabalho diário, mesmo quando não tenha treinamento intensivo. O planejamento exige três coisas: pensar, seguir procedimentos metódicos e escrever.

Ser adaptável — não pode haver uma única maneira de resolver o problema do planejamento. Para cada caso é preciso aplicar o critério mais adequado às circunstâncias.

Ser flexível — tão flexível, que torne fácil sua alteração em face das possíveis mudanças nas circunstâncias. Sem essa possibilidade de modificação, o planejamento ficaria demasiadamente rígido.

Ser operacional — seu esquema geral poderá ser utilizado para outros planejamentos.

2.1. Objetivos e Metas de um Planejamento

Toda empresa deve ter definido seus *objetivos* e *metas*. Os objetivos são as parcelas do potencial, consideradas viáveis, satisfatórias e aceitáveis e que podem ser concretizadas. São as finalidades genéricas que devem ser obtidas. Assim, pode-se estabelecer *critérios para a fixação de objetivos*:

- os objetivos devem corresponder a convicções profundas da alta administração da empresa;
- devem ser apresentados da forma mais precisa possível. Quanto mais depressa forem compreendidos, melhor;
- não devem abranger somente resultados financeiros, mas todas as condições capazes de ter grande influência no sucesso da empresa;
- os objetivos devem sempre ser um desafio, entretanto, nem fáceis demais, nem impossíveis de serem alcançados;
- os objetivos devem ser apresentados de maneira positiva;
- os objetivos devem indicar resultados ou condições. Deve-se evitar definir os objetivos em termos de tarefas, projetos ou atividades.

Valor dos objetivos — Os objetivos dão a uma organização uma diretriz certa, no sentido de conseguir uma finalidade comum. Podem ser utilizados para anular as tendências egocêntricas de grupos existentes na organização.

Ajudam a evitar erros sérios devidos à omissão e tornam maiores as possibilidades de previsão do futuro.

É por meio do planejamento e do estabelecimento dos objetivos, que uma organização dirige o seu destino, ao invés de ficar ao sabor da fatalidade. Mesmo com recursos escassos, a determinação dos objetivos permite sua distribuição criteriosa.

Metas — As metas são resultados finais atingíveis dentro de determinado prazo. Constituem as finalidades específicas a serem atingidas.

Depois de aceitas pelo gerente, as metas representam o compromisso de alcançar os resultados previstos no prazo marcado. As metas devem ser realistas e devem apresentar boas condições para serem alcançadas. As metas são estabelecidas de acordo com as circunstâncias existentes em determinado momento; havendo mudança nessas circunstâncias, para se manterem realistas, as metas precisam ser imediatamente alteradas.

Na prática, devem ser baseadas em pesquisa de oportunidade de mercado, ou em outro tipo de pesquisa, dependendo do caso.

Critérios para a elaboração de metas efetivas:

— devem ser especificados os resultados finais e não as atividades ou práticas;

— as metas devem ser viáveis, isto é, poderão ser concretizadas e atingidas;

— as metas são importantes para a empresa e por isso devem estar estreitamente relacionadas a ela;

— devem ser práticas;

— devem ser quantificáveis, sempre que possível;

— nenhuma meta importante deve ser omitida em virtude de não poder ser quantificada;

— cada meta deve ser definida com exatidão e referir-se a um só resultado final.

As metas e os objetivos devem ser registrados por escrito.

Âmbito — Extensão — Duração

O planejamento das atividades deve ser feito tendo em vista sua *duração* no tempo. Refere-se ao quando, pois podemos planejar a curto, médio e longo prazos. Os Programas de Relações Públicas das empresas geralmente são feitos anualmente, enquanto que o planejamento de campanhas, de feiras e eventos especiais é feito a curto prazo.

Determinar a *extensão* da atividade significa determinar sua limitação em termos geográficos; refere-se ao onde. Por exemplo, vamos fazer uma campanha só em São Paulo, ou será feita também em outras Capitais; abrangerá uma região ou um Estado.

O âmbito da atividade está diretamente ligado aos públicos a serem atingidos: refere-se aos estratos ou categorias da população. Assim, por exemplo, queremos atingir só a comunidade local, ou só o público jovem, ou só os consumidores de determinado produto.

Levantamento dos públicos e escolha de mídia

Fazer a relação dos públicos de uma empresa é trabalho fundamental de relações públicas, mas além dessa relação fundamental, deve ser feito o levantamento de públicos a serem atingidos pela atividade específica, que está sendo planejada. Determinados os públicos, poderão ser escolhidos os veículos mais condizentes, a serem utilizados nessa ocasião.

Após terem sido escolhidos os veículos, será determinada a freqüência da inserção das mensagens, a fim de manter o interesse do público. Utiliza-se o conceito usado em Publicidade de que o interesse do público passa pelas seguintes fases:

$$\frac{AIDA}{D} = \frac{\text{Atenção, Interesse, Desejo, Ação}}{\text{Decisão}}$$

sempre sem atingir um ponto de saturação.

Escolha de Métodos e Materiais

Nesta altura do planejamento são escolhidos todos os materiais que serão usados para a execução da atividade que está sendo planejada. Assim, em termos de contatos com a imprensa serão determinados quantos *press releases* serão enviados, se será elaborado um *press kit*. O que será veiculado pelos meios de comunicação, incluindo peças publicitárias; se serão organizadas entrevistas para TV. Se o nosso planejamento incluir algum evento especial, deverá ser escolhido o convite e elaborada a listagem dos convidados e será determinado o local. Decidir se haverá divulgação junto ao público interno e matéria sobre o acontecimento no *house organ*. Se haverá necessidade de papel com timbre especial para o acontecimento, incluindo logotipo e *slogan* específico para a ocasião. Se forem distribuídos brindes, quantos? Se incluirá algum almoço, jantar ou coquetel, para quantas pessoas, etc. São escolhidos os locais e as datas.

Elaboração dos Planos de Ação

Escolhidos os materiais e todos os itens que irão constituir a atividade que está sendo planejada, podem-se fazer os Planos de Ação, sendo um para cada item da programação. O Plano de Ação contém em detalhes tudo o que será executado em cada item, incluindo os quesitos: o que, quem, quando e onde. Deverá conter nitidamente qual a atividade que será desenvolvida, quem a executará, as datas de início e término desse item específico e qual foi o local escolhido.

Escolha do Pessoal

Quando a atividade em questão envolve contato direto com o público, deve ser dado o devido treinamento para o pessoal que fará esse tipo de atendimento, assim como os melhores esclarecimentos sobre todas as etapas a serem cumpridas. Essas pessoas quando mal informadas e mal treinadas podem conseguir a antipatia do público, pondo em jogo todo o trabalho de uma equipe.

Cronograma e Manual dos Trabalhos

Deve ser feito um cronograma geral, abrangendo todas as pessoas que irão trabalhar e todas as atividades que serão desenvolvidas, com as respectivas datas. Em algumas empresas, além do cronograma é feito um Manual dos Trabalhos, especificando os materiais que serão usados, os locais e as datas. É distribuído um Manual para cada pessoa envolvida.

Em primeiro lugar, é feito um elenco de todas as providências a serem tomadas para cada atividade e em seguida é montado o cronograma, com as atividades a serem desenvolvidas, dia a dia.

Sugestões e Reclamações

Dependendo do tipo de atividade, e para alimentar o *feedback*, o Departamento de Relações Públicas deve providenciar meios adequados para receber sugestões e reclamações.

2.2. Roteiro de Planejamento

1. Introdução ou Diagnóstico
2. Objetivos Gerais
3. Públicos Prioritários
4. Objetivos Específicos por Público
5. Projetos de Relações Públicas
6. Estimativa Orçamentária

O Roteiro de Planejamento, apresentado a seguir, está acompanhado de um Programa-tipo de Relações Públicas, o qual obedece estritamente ao Roteiro e, finalmente ao Cronograma das atividades.

Deve ser ressaltado o fato de que no Programa de RP há duas orientações nítidas quanto a cada público:

— orientação da *atitude* junto ao público e

— sugestão da *atividade* prevista para o público

Exemplo: Empresa X S.A. — PLANEJAMENTO DE RELAÇÕES PÚBLICAS

1. *Introdução*

Em função dos levantamentos efetuados, seja internamente, seja externamente, junto a segmentos representativos dos públicos com os quais se relaciona a empresa, pudemos constatar falta de relacionamento adequado, pouca disponibilidade e abertura da empresa para melhor corresponder às expectativas criadas e inclusive a presença de conceito inadequado, junto a alguns desses públicos.

Este programa busca, portanto, não apenas a criação de atividades de exposição da empresa, como, principalmente, a abertura e manutenção de canais de comunicação de duas vias entre a empresa e seus públicos prioritários.

Esta Consultoria apresenta, ainda, a implantação de algumas atitudes imprescindíveis para a consecução dos objetivos de relações públicas junto a cada público, tendo preparado, como anexos, os projetos específicos que envolvem outras áreas, em conjunto com as mesmas, respectivamente.

2. *Objetivos Gerais*

Criar para a empresa o conceito correto e real quanto às suas atividades e produtos e suas características específicas.

Buscar, diante de cada público, harmonizar as expectativas de cada um desses, em confronto com os objetivos e realizações da empresa.

3. *Públicos Prioritários*

— Funcionários

— Comunidade: Autoridades

Associações de Classe

— Imprensa

— Fornecedores

— Clientes

4. *Objetivos Específicos por Público*

Funcionários — Estabelecer verdadeira troca de comunicações, principalmente na direção ascendente, para compreensão mútua.

Obter, através do atendimento das reivindicações justas, reconhecimento para com a empresa como bom empregador.

Atitudes — Fortalecer, através da área de Relações Industriais, o programa de Desenvolvimento de Carreira.

Desenvolver, junto a essa mesma área, o Programa de Premiação por Produtividade.

Estabelecer, em conjunto com a mesma área, a "Reunião Interna Anual" para debates com as lideranças de cada setor e a diretoria da empresa.

Implantar, sempre em conjunto com essa área, o programa "Fale à Vontade".

Comunidade — Obter, por meio do conhecimento e satisfação das expectativas da comunidade, respeito e apoio à empresa como boa cidadã.

Desenvolver e consolidar a imagem dos produtos como confiáveis e de boa qualidade.

Atitudes — Dinamizar participação do Comitê de Comunidade nos Clubes de Serviço e Associações de Classe.

Manter política de pagamento pontual de impostos.

Desenvolver relacionamento com a Universidade.

Imprensa — Obter bom relacionamento, em base à confiança mútua, entre os jornalistas e a diretoria da empresa.

Atitudes — Tratar a imprensa como um público específico, com o qual se estabelece diálogo e troca aberta de informações e não como canal para a colocação de assuntos, notícias ou matérias de interesse apenas da empresa.

Montar e manter esquema permanente de atendimento a jornalistas.

Fornecedores — Pelo trato apropriado e de respeito mútuo, conceituar a empresa como exigente na qualidade e prazos, correta nos pagamentos e fiel aos bons fornecedores.

Atitudes — Estabelecer claramente as bases de concorrência dos fornecedores.

Escolher cuidadosamente e treinar os funcionários da área de Compras.

Clientes — Com o atendimento pronto e cortês e alicerçada em campanhas apropriadas de propaganda, criar confiabilidade e fidelidade de marca.

Atitudes — Escolha de Agência de Propaganda habilitada e alocação de verba suficiente para o desenvolvimento das campanhas propostas.

Montar, em conjunto com a Agência de Propaganda, o Serviço de Atendimento ao Cliente, com pessoal escolhido e treinado.

5. Projetos de Relações Públicas

Integração de funcionários novos. Desde que a empresa já conte com um roteiro muito bom para esta finalidade, Relações Públicas propõe apenas a nova edição do Folheto de Integração e do Audiovisual.

6. Estimativa Orçamentária

Considerando-se que a empresa tenha destinado uma verba de 15 milhões para as atividades de RP, podemos ver, pelo cronograma, de maneira detalhada a distribuição dessa verba para essas atividades, tendo-se em vista os custos reais do 1.º semestre de 1981.

2.3. Empresa X S.A. — Cronograma de Relações Públicas

Vide página 60

Empresa X S.A. — Cronograma de Relações Públicas

PROJETO	Valor Reservado em ORTNs	Jan	Fev	Mar	Abr	Mai	Jun	Jul	Ago	Set	Out	Nov	Dez	Responsável
1. Relac. c/ Funcionários														
1.1 House Organ	641	x	x	x	x	x	x	x	x	x	x	x	x	
1.2 Caixa de Sugestões	3	x	x	x	x	x	x	x	x	x	x	x	x	
1.3 Reunião Anual Integração	107						x	x						
1.4 Festa Confraternização	160												x	
1.5 Assoc. Classe de Funcion.	160	x	x	x								x	x	
1.6 Torneios Esportivos	53					x								
2. Relac. c/ Comunidade														
2.1 Formação Comitê Comunid.		x	x							x				
2.2 Contato c / Assoc. Classe		x	x				x						x	
2.3 Contato c/ Autorid. locais		x			x			x			x		x	
2.4 Presença Camp. Institucion.	107				x	x	x							
2.5 Presença Comemor. Civis	107					x								
2.6 Distribuição Mala-Direta	160							x		x		x		
(Folheto Institucional)														
3. Relac. c/ Imprensa														
3.1 Levantamento Jornalistas	32	x	x											
3.2 Distribuição Notícias	53				x									
3.3 Promoção Almoço Anual	53								x		x	x	x	
3.4 Distribuição Mala-Direta	160						x					x		
(Folheto Institucional)														
4. Relac. c/ Fornecedores														
4.1 Levantamento Fornecedores	32	x	x											
4.2 Encontro Anual Forneced.	160						x	x					x	
4.3 Distribuição Mala-Direta	160							x				x		
(Folheto Institucional)														
5. Relac. c/ Clientes														
5.1 Levantamento Clientes	32	x	x											
5.2 Promoção Encontro Anual	160										x			
5.3 Campanha Publicitária	320					x	x		x					
5.4 Distribuição Mala-Direta	160							x				x		
(Folheto Institucional)														
6. Atividades Gerais														
6.1 Audiovisual	214	x	x	x									x	
6.2 Folheto Institucional	320	x	x	x										
6.3 Relatório Anual	320										x	x		

3. ORÇAMENTO

Todo planejamento depende para sua elaboração das *verbas* disponíveis e dos *custos* prováveis e está relacionado entre os dois fatores, recursos *versus* viabilidade.

Devemos considerar que o custo afeta
— o grau de detalhes específicos que devem ser considerados;
— a quantidade de dados que devem ser estudados;
— a formalização de aprovações necessárias ao planejamento.

Assim, pode-se perceber que o custo pode alterar todo o panorama de um estudo de planejamento. Para diminuir os custos, pode-se elaborar um plano-diretor e "subplanos", ou "planos de alternativas", economicamente mais acessíveis. Os planos de alternativa são montados da mesma maneira que os planos principais e paralelamente a estes.

Os Departamentos de Relações Públicas das empresas geralmente elaboram seu Programa-Orçamento anualmente, pois quase sempre a dotação orçamentária é prevista por ano.

As Assessorias Externas de Relações Públicas, geralmente cobram pelo orçamento elaborado a partir do pré-plano, ou do diagnóstico do problema. O pagamento feito pelo planejamento e demais serviços da Assessoria quase sempre segue três modalidades:
— por trabalho;
— por hora (incluindo hora sênior, hora júnior, etc.)
— por *fee* (honorários mensais fixos).

Muitas vezes são combinadas várias formas de pagamento.

4. EXECUÇÃO

Execução é pôr em ação o que foi planejado, coordenando todas as atividades das tarefas predeterminadas. Deve-se estar atento aos prazos e não hesitar em alterar o planejamento, adotando os "planos de alternativa", quando houver dúvida quanto à viabilidade da execução.

Durante o desenvolvimento dos trabalhos, o coordenador deve estar atento à harmonia grupal e controlar e avaliar permanentemente todas as etapas da execução. Se necessário, retificar os caminhos para executar com maior eficiência o trabalho.

5. AVALIAÇÃO

Por meio de controle e avaliação, pode-se medir a execução correta e objetiva, em direção à meta predeterminada. Assim, a essência da avaliação é a verificação das ações existentes, usando-se como termo de comparação os resultados desejados e determinados durante o planejamento.

Há elementos essenciais para qualquer sistema de controle e avaliação:

— um objetivo predeterminado, seja um plano, uma política, um padrão, uma norma, uma decisão, um critério, um índice;

— um meio para se prever o fluxo — se possível quantitativamente;

— um meio para se comparar o fluxo com um critério;

— meios para se corrigir o fluxo, de modo a atingir o resultado previsto.

É muito importante que o planejamento nos dê cifras, pois somente as metas quantitativas podem determinar dados substanciais tais como unidades físicas. Por exemplo, na área de produção qual foi a quantidade de desperdício; na área de finanças, quais foram os recordes anteriores e, na área de *marketing*, quais foram os dados de mercado para comparar vendas.

Pelo *feedback* podemos ajustar ações futuras, baseando-nos em informações sobre a execução passada. Assim, um tipo de avaliação comumente usado em relações públicas é a "reunião de avaliação", com a participação das pessoas envolvidas.

Outros tipos de avaliação quantitativa são feitas pelo número de visitantes às instalações; número de brindes distribuídos; e pelo número de matérias publicadas pela imprensa. Tais informações constituem dados numéricos que vão sendo ajustados e modificados conforme os resultados obtidos.

Avaliação de resultados de divulgação pela imprensa. Os recortes das matérias jornalísticas que mencionam a empresa geralmente são separados em dois grupos: aqueles cuja origem dependeu da iniciativa da empresa e os de iniciativa do próprio jornal. Assim, pelos recortes, é feita uma avaliação, tanto em termos quantitativos como qualitativos.

A avaliação quantitativa é feita em termos de volume de matéria publicada, enquanto a avaliação qualitativa leva em consideração não só o prestígio do veículo, como a localização da matéria dentro do jornal, tamanho dos títulos, fotos, etc.

Para que se tenha melhor noção da avaliação e para que ela possa ser usada como indicador, são comparados os dados dos últimos anos, ou desde o início do programa de relações públicas. Pode ser calculada a participação de publicações por Estado, considerando-se suas porcentagens em relação ao País; assim como os departamentos da empresa que mais geraram notícias, atuando como fontes de informação, de maneira comparativa entre os vários anos.

A divulgação feita em revistas, em geral é considerada separadamente e também são distinguidas as revistas informativas das especializadas.

CAPÍTULO V

Atividades e Recursos Usados em Relações Públicas

1. IDENTIFICAÇÃO CORPORATIVA

O *design* como comunicação visual teve grande desenvolvimento após a II Guerra. É a arte do nosso tempo, que constantemente desafia o já feito e o já visto. Esse desenvolvimento demonstra a importância que em nossos dias é dada ao fator estético na idealização, realização e difusão das atividades empresariais.

O *design*, assim como a publicidade e a imprensa, são canais que fazem parte do grande universo da comunicação social e vêm adquirindo sempre maior importância para a relação entre a empresa e a sociedade.

Os meios de comunicação de massa estão adquirindo mais estética, na medida em que a qualidade, o imediatismo e a eficácia da mensagem são proporcionais à sua legibilidade, autenticidade e prazer estético.

As empresas apresentam suas mensagens através de imagens gráficas, verbais, fotográficas, figurativas e cinematográficas como instrumentos para chegar com rapidez e eficácia à participação de consumidores — sendo que a conveniência das mensagens corresponde à sua qualidade.

Simples atividades empresariais transformam-se em arte e beleza nos filmes institucionais e técnicos, nos *stands* das feiras, nas campanhas publicitárias. Vigas de aço, nos altos-fornos com sua imagem incandescente, transformam-se em alusões cromáticas e estéticas, coincidindo com as tendências da arte pop.

O *sinal visual* criado num processo cultural, que tem como resultante a expressão gráfica, entra no código da comunicação como uma breve e eficaz presença do nome da empresa e da sua razão social. Sobre este sinal são construídos os fundamentos de uma imagem.

Há três momentos deste protagonista da comunicação empresarial: a história da marca, a coordenação marca-identidade institucional e a marca como fato gráfico. A evolução de um símbolo segue modas e costumes e acompanha o desenvolvimento econômico da sociedade. Sua aplicação através de critérios estéticos irá levar à afirmação da identidade de um produto ou de um nome na memória pública.

O uso da *identificação corporativa* e sua aplicação geralmente é feita pelo Departamento de Relações Públicas. Os logotipos, marcas e símbolos devem ser projetados para ficarem visualmente bem, tanto numa xícara de café como num avião.

Assim, o símbolo da identificação corporativa pode ser usado em todos os formulários e material de escritório, nos impressos; nas publicações, incluindo folhetos e boletins e comunicações internas; na publicidade, incluindo anúncios e *outdoors*; nos uniformes, aventais, macacões, capacetes, crachás; nas máquinas; nos veículos; nas entradas das várias unidades da empresa; nas chaminés; nos luminosos; nos pontos de vendas; nos brindes; nos distintivos; nas louças e talheres; nas embalagens dos produtos, etc.

A marca é o resumo visual que transmite uma informação precisa, como processo de memorização. A função primordial da marca é designar de maneira rápida e concentrada a denominação de um produto e sua relação com a empresa.

A escolha de uma boa marca, ou de um logotipo apropriado, de novo *lettering* que permita ser reconhecido em meio aos numerosos escritos, sinais e emblemas é trabalho de extrema delicadeza e responsabilidade.

Há marcas já "gloriosas", bem conhecidas e de pleno domínio público, marcas que identificam-se com determinado produto e que permitem fácil decodificação por parte do consumidor.

Na década de 30 afluem ao Brasil grandes firmas internacionais com seus escritórios de representação ou com a implantação de suas fábricas, que não trazem apenas *know-how* e tecnologia, mas sistemas já elaborados de comunicação empresarial.

A presença de grandes firmas estrangeiras no Brasil, era um dado novo que levaria as empresas nacionais a uma assimilação de técnicas administrativas adaptadas ao meio ambiente.

Toda a programação visual, incluindo símbolos e a comunicação visual, é um reflexo e testemunha da arte, da gráfica, da propaganda, do *design* como meios da formação da imagem corporativa. São diversas formas de exprimir a importância da interligação entre a empresa e a sociedade.

Siglas, códigos, imagens, conceitos, nomes integram a vida individual e coletiva, de uma população inteira, nas diferentes escalas de produção e consumo. Siglas, nomes e marcas constituem um vocabulário cotidiano indispensável e necessário e sua escrita denota um corpo orgânico que pertence a uma verdadeira cultura popular.

2. CARACTERIZAÇÃO DE PÚBLICOS

No contexto da sociedade industrial voltada para a transformação e para a produção é evidente que a produção, a distribuição e o consumo de bens passaram a exigir canais de divulgação.

A organização da empresa, independentemente do setor público ou privado, em qualquer de seus níveis de departamentalização nos encaminha ao reconhecimento de uma necessidade de relacionamento com os vários tipos de públicos, ou seja, com o ambiente exterior; de tal sorte que a política de negócios, essencial à sociedade capitalista se complementa com uma política de relações públicas.

As atividades de relações públicas são um campo interdisciplinar representando, ao mesmo tempo, um instrumento da administração e da comunicação social. Podemos dizer que relações públicas constituem uma função de gerência, com a responsabilidade de:

a) segmentar a Opinião Pública em "públicos" classificados de acordo com o relacionamento que mantêm com a entidade, ou seja, identificar e classificar os grupos de pessoas que têm interesses comuns com a entidade;

b) avaliar as atitudes desses "públicos" com relação à forma de atuar da entidade; e

c) informar esses "públicos" quanto aos aspectos de sua política operativa, no que possa interessar-lhes, e quanto ao desenvolvimento das atividades da entidade no meio comunitário.

Assim, temos que a atividade de relações públicas se manifesta principalmente em termos de divulgação e para cada *público* deve usar um tipo de *mensagem* que o atinja, com uma *linguagem* específica. Pois, como dizem Berelson & Steiner[1]: "A comunicação que atinje algum interesse ou característica especial da audiência influi mais na opinião do que as comunicações de cunho geral e indiferenciado. Por isso, a comunicação dirigida a uma audiência específica é mais eficaz que a dirigida a um público geral".

Quanto aos públicos de uma empresa, podemos classificá-los pelas áreas de relacionamento, abrangendo os dois grandes grupos de *público externo* e *público interno*.

I — Públicos externos

COMERCIAIS	— Revendedores, clientes diretos, consumidores, fornecedores e entidades de classe.
FINANCEIROS	— Bancos, estabelecimentos de crédito, grupos financeiros e agentes.
GOVERNAMENTAIS	— Órgãos federais, estaduais e municipais dos poderes Executivo, Legislativo e Judiciário.
COMUNITÁRIOS	— Grupos organizados, de ação ou de pressão (sociais, religiosos, estudantis, culturais, minorias, etc.)

EDUCACIONAIS	— Corpos docente e discente de nível universitário, secundário e fundamental.
COMUNICAÇÃO	— Imprensa, rádio, TV e cinema.
TRABALHISTA	— Sindicatos e entidades de classe da categoria de empregados.

II — *Público Interno*

| EMPREGADOS | — Empregados da empresa e seus familiares. |

Em alguns compêndios, encontramos os familiares dos empregados sob a denominação de *Público Misto,* assim como revendedores e fornecedores, isto é, aqueles que de alguma forma estão ligados à empresa.

Verificando-se a estrutura de Departamentos de Relações Públicas de empresas de São Paulo, constatamos que algumas delas não consideram determinados públicos, como seus públicos, como é o caso de fornecedores e revendedores, que às vezes estão afetos aos Deptos. de Marketing.

Quanto ao *público interno,* em alguns casos ele é prioritário dos Departamentos de Relações Públicas, ou às vezes é considerado público de Relações Industriais, ou do Departamento Pessoal, ou até mesmo do Departamento Jurídico. Então, nesses casos, todas as atividades que envolvem o público interno são desenvolvidas pelo Departamento específico ao qual pertence.

Para as empresas, é fundamental o levantamento dos seus públicos, para que elas possam estabelecer suas políticas.

3. PUBLICAÇÕES EMPRESARIAIS

Os fatos, as cifras, as capacidades, os resultados povoam as comunicações empresariais, que são frutos da colaboração objetiva existente entre o engenheiro, o administrador, o publicitário e o profissional de relações públicas.

Nosso mundo, habituado demais à comunicação sofisticada, faz com que as empresas dêem apresentação artística aos seus relatórios, boletins, balanços, comunicados aos acionistas e atas de assembléias.

O vasto campo da comunicação visual moderna (incluindo a publicidade, artes gráficas, montagem, *lettering* e marcas) está intimamente ligado às "artes puras": pintura, escultura, arquitetura. Desde o final do século passado, muitos artistas participaram de operações "utilitárias", fazendo cartazes, rótulos, desenhando marcas e programas de teatros e revistas, como Toulouse-Lautrec, Mucha, Dudovich (Pirelli 1922; Olivetti 1930; Campari 1913) e Carpanetto (La Stampa 1899).

A participação do gráfico e do *designer* é direta na confecção de folhetos; cartazes; impressos; *cartoons* e quadrinhos; *house organs* e todas as obras gráficas. E há ainda trabalhos intrinsecamente de arte, como objetos utilizados como presentes ou elementos de prestígio, pinturas e gravuras, dados como brindes e que causam rivalidade entre as empresas, em busca de *status*.

Toda a produção gráfica de uma empresa deve seguir uma só linha editorial e deve transmitir sua política. Seus textos geralmente são elaborados por jornalistas que trabalham na empresa, ou em assessorias externas.

Folhetos e Anúncios Institucionais

A propaganda institucional constitui um importante instrumento de relações públicas e deve fazer parte de um bem organizado programa. É um dos meios mais eficazes de se contar a história de uma companhia.

O principal uso da propaganda de RP é divulgar ao público a história da organização, dos seus recursos, das suas políticas e programas e dos seus empregados.

Com os anúncios institucionais, a relação empresa-opinião pública determina sua linha e sua filosofia. Para a grande empresa a comunicação institucional não está diretamente ligada às imposições do consumo e aos modismos, mas segue e acompanha o desenvolvimento tecnológico da empresa.

Os folhetos institucionais são uma apresentação, têm a função de cartão de visita da empresa. Os folhetos institucionais, assim como os *press kits* contam a história da empresa e de seus produtos, constituem a literatura sobre a empresa. São uma síntese, são momentos de unidade gráfica da imagem empresarial, inspirando-se num conceito iconográfico.

Jornal ou Revista Empresarial

As publicações empresariais servem a uma organização, apresentam matérias detalhadas, de interesse da empresa, e que não seriam encontradas nas seções de economia dos jornais informativos. Divulgam informações sobre a política da empresa, sobre seus produtos, seus trabalhos e suas perspectivas.

É nas revistas ou jornais periódicos que a empresa demonstra sua realidade. Essas publicações são um ponto de contato entre seus produtos e a cultura, entre o setor mercadológico e a informação. Elas transmitem suas idéias e valores e também fatos internos de utilidade pública.

Grandes empresas possuem dois tipos bem diferenciados de *house organ*, o jornal dos empregados, de circulação interna e o jornal ou revista que circula entre a diretoria e também externamente.

A publicação de circulação mista é muito bem cuidada, é feita no melhor papel, tem a melhor impressão e reveste-se de cunho de prestígio empresarial. Sua circulação externa atinge os públicos mistos, isto é, aqueles que estão ligados direta ou indiretamente à empresa, mas que não fazem parte do quadro de empregados: os vendedores, distribuidores, clientes, técnicos, acionistas, autoridades locais, etc.

Esta publicação inclui informações de todas as unidades que compõem uma empresa e circula em todas elas. Entre seus temas são focalizados os eventos que envolvem apenas a diretoria, são abordadas as decisões da cúpula, são vistos planos e aspectos de expansão da empresa.

A publicação destinada aos empregados, além de informar sobre a empresa, serve como meio de integração e de valorização do empregado, fazendo com que ele se sinta parte integrante da empresa. As matérias sobre os eventos de RP, como campanhas de produção, de qualidade, concursos, exposições, torneios, sugestões, comemorações, cursos, palestras, seminários, datas especiais, recordes de produção, matérias escritas por empregados, possibilitam que o empregado saia do anonimato. Ele terá oportunidade de ver seu nome e sua foto publicados e poderá também ser entrevistado, emitindo opiniões.

Esse jornal é mais simples do que o da diretoria, geralmente tem periodicidade maior e é distribuído a todos os empregados, incluindo as cúpulas.

A diferença fundamental que existe entre uma publicação informativa, da grande imprensa, e um jornal empresarial é seu tom positivo, não crítico. São informes sobre o que de bom ocorre na empresa. Outras diferenças são:

— estilo redacional;
— editorial "encomendado";
— sem publicidade;
— matérias mais detalhadas.

Assim, pode-se dizer que as funções de um jornal empresarial são, entre outras; cunho promocional da empresa; informação quanto às novidades que ocorrem na empresa, incluindo os eventos especiais; fortalecimento dos laços sociais entre empregados e a organização; educação e segurança para os empregados; entretenimento; promoção pessoal do empregado e sua valorização dentro da empresa.

Na fase de *pré-elaboração* de um jornal empresarial, devem ser considerados os seguintes itens, cuja determinação irá influenciar toda a sua execução:

— linha política do jornal;
— tamanho, com capa ou não;
— tiragem;
— tipo do papel;

— periodicidade;

— cor ou não;

— circulação — será distribuído para o público interno, ou misto;

— produção — será interna para a parte de textos e externa para a diagramação, composição, paginação, fotolitos e chapas;

— elaboração da pauta — pelo Departamento de RP ou pela Diretoria;

Na fase de elaboração do jornal empresarial, deve ser decidido como será feita a coleta do material; e as datas para entrega dos originais, com a respectiva escolha de fotos. Como será a diagramação e a paginação, com a respectiva elaboração do boneco. Datas para entrega das provas de gráfica e glacês, com a respectiva revisão. A montagem da matéria (*paste-up*); a arte final; os fotolitos, as chapas e finalmente a prova heliográfica para então ser impresso.

Folhetos e Catálogos Técnicos

O Departamento de Relações Públicas, atuando junto ao Departamento de Marketing, elabora folhetos e catálogos técnicos, dando as especificações e possibilidades de cada produto fabricado. Auxiliam o vendedor e possibilitam maior clareza para o comprador. A par das informações técnicas o objetivo é fornecer dados visando um conhecimento maior da empresa e assim constituindo sua imagem e seu conceito.

Listas, preços e todo o material enviado por mala-direta, assim como *news letters*, o noticioso em forma de carta, podem ser empregados com sucesso como arma de *marketing*.

Toda essa produção gráfica empresarial é apresentada com texto enxuto e visual simples e tem grandes tiragens e enorme circulação.

Discursos

Às vezes um executivo faz um discurso ou pronunciamento e aborda questões de política empresarial, que podem ser mal interpretadas. E fica surpreso e magoado ao descobrir, mais tarde, que um repórter de jornal não entendeu suas declarações. Ele compreende, então, porque razão a boa técnica de relações públicas recomenda que *cada pronunciamento público seja acompanhado de material escrito*.

Assim, a preparação dos textos de pronunciamentos e de discursos, tanto para o público interno, como para rádio e TV, cabe geralmente ao pessoal de relações públicas.

Os quadrinhos na empresa

Mesmo com a massificação do ensino, a alfabetização da sociedade é um fenômeno relativamente recente e que vastas camadas da população ainda não assimilaram. É o caso dos operários que, mesmo sabendo ler, não agüentam a leitura de textos compactos. Muitos restringem-se às páginas esportivas dos diários, fartamente ilustradas e aos quadrinhos.

Tendo em vista essa realidade, as empresas se utilizam dos *comics* nos seus jornais, a fim de transmitir mensagens de segurança e normas de instruções aos empregados.

Assim, algumas empresas chegam a criar seus próprios personagens que, envolvidos em histórinhas com enredo, têm uma finalidade prática. Podemos citar como personagens o Zé Kilowatt, da Light; o Hipinho, da Villares; o Petrolino, da Petrobrás; o Lingotino, da Italsider (Itália) e a Telesp e a Sabesp que usam, para o público infantil, historinhas com Mônica e Cebolinha.

4. FILMES — MULTIVISÃO — AUDIOVISUAIS

Velhos carros, chaminés fumacentas, complicadas estruturas povoam antigos filmes que marcam, em antigas datas, o nascimento de um tipo de comunicação: o cinema industrial.

Hoje, os filmes têm sofisticadas montagens, utilizando todos os recursos do grande cinema e têm assinaturas de diretores de talento. Aliam o prestígio da empresa — com sua contribuição de arte — ao diálogo técnico e didático. São conotações modernas e funcionais do relacionamento social da empresa.

O filme industrial é um dos momentos da política informativa de uma empresa, seja dirigido ao público interno, ou ao público externo, amplo e heterogêneo.

É um investimento econômico da própria empresa interessada, o que reduz a escolha individual do diretor, que fica quase sem disponibilidade crítica — e por não ser comercializado, diminui a finalidade lucrativa, que é estímulo para qualquer realização cinematográfica.

As indústrias perceberam a imensa capacidade do cinema e sua privilegiada condição de veículo ideológico nos confrontos com o grande público. E como poderiam usar os horizontes e os múltiplos espaços nos quais o filme pode agir. Entretanto, as primeiras tentativas do cinema industrial foram incertas e restringiram-se à pura documentação. Era o cotidiano operacional filmado em seqüências.

O movimento de 1968, em Paris, subverteu a vida cultural e tocou também o setor do filme industrial. Provocou uma transformação no nível de receptibilidade, levou à vontade de cada um se sentir protagonista e não figurante. Levou à exigência de envolver em um diálogo encadeado trabalhadores, estudantes, sindicatos, organismos estatais e de categoria.

O filme industrial é um instrumento destinado a manter o passo com a realidade: uma realidade sempre diferente e mutável, problemática e desconcertante, que leva a uma oportuna integração na vida da comunidade, recebendo e indagando os seus problemas.

Os filmes institucionais são geralmente informativos, ou contam uma história — do produto ou da empresa. Podem ser no estilo de documentários de curta-metragem, até filmetes de 5 minutos, sendo que o nome do patrocinador tem até 15 segundos de exposição — o que permite que sejam apresentados em cinemas do circuito comercial sem pagamento, ao contrário do que ocorre com os filmetes publicitários de 3 minutos.

Multivisão é o audiovisual de maior efeito plástico e é usado em Feiras e como mensagem institucional. São utilizadas várias telas, ou uma só, subdividida, vários projetores, sincronizador e som estéreo.

Sua projeção é feita com efeitos de superposição, dissolução de imagens e superposição de quadros, sendo que os quadros não são do mesmo tamanho. As mudanças de cenas são perfeitamente sincronizadas entre os diversos projetores e a música, para se conseguir obter o efeito desejado.

A coordenação dos diapositivos é comandada por fita perfurada. Por meio de filtros amarelos, vermelhos e verdes, criam-se efeitos monocromáticos que aumentam ainda mais o impacto de algumas cenas.

As imagens são projetadas com grande rapidez, e, por vezes, a fusão de diapositivos em seqüência é tão perfeita, que o espectador acredita estar assistindo a um filme.

A multivisão foi originalmente concebida por Jean Lamouret, da Kodak Pathé, francesa. Anos de pesquisa e planejamento conseguiram dar moderna estrutura ao *show*, que na verdade são dois *shows*: as fotos e cenas que apresentam e a própria maneira de apresentá-las. É um espetáculo de engenho, talento, criatividade e beleza.

A palavra *audiovisual* geralmente é usada para designar *slides* sonorizados, embora sejam considerados audiovisuais os filmes sonoros, os *slides* sonorizados, os processos de multivisão e TV em circuito fechado.

Nas empresas, os audiovisuais (*slides* sonorizados) são usados principalmente para treinamento e para mostrar características, novos usos e processos de fabricação de produtos. São feitos também audiovisuais para integração de novos funcionários, através dos quais é mostrado o perfil da empresa, sua diretoria, suas instalações e suas várias unidades.

A projeção de mensagens audiovisuais é feita em condições ideais de atenção: a sala escurecida e a música fazem com que a atenção difusa se concentre na imagem sonorizada. A atenção contínua de um espectador foi avaliada variando entre 10 a 30 minutos.

Muitos audiovisuais de RP são dirigidos a um número excessivo de públicos, mas atingem melhor os objetivos aqueles destinados a grupos de interesses similares, isto é, os que visam um público específico, seja interno ou externo. Assim os públicos podem ser selecionados de acordo com a natureza da mensagem, por ocupação, idade, localização geográfica ou interesses especiais.

O tempo de projeção de um audiovisual varia de 10 a 30 minutos. Sua durabilidade, em termos de motivação, atualidade e interesse é de 1 a 5 anos. O número de cópias depende da finalidade a que se destina, mas os *slides* se desgastam menos do que os filmes que, muitas vezes, caem em mãos de operadores inexperientes.

O audiovisual apresenta grandes vantagens sobre os filmes, no que se refere à sua atualização. A produção de audiovisual abrange: pesquisa, preparação do roteiro, texto, fotografia, copiagem e gravação. E, posteriormente, sua distribuição e elaboração de catálogos para divulgação.

Deve-se usar filme, quando houver interesse em projetar em cinemas do circuito comercial. O multivisão é praticamente fixo, pois sua instalação é complexa; só deve ser escolhido quando não há necessidade de mobilidade. Havendo interesse em projetar em escolas, deve-se preferir o sistema simples de *slides* sonorizados, com um ou dois projetores, ou filme de 16 mm, ou videocassete que também podem ser usados em televisão. O Super 8 visa principalmente os públicos internos. É usado para treinamento e para mostrar uma empresa, pois sua apresentação substitui as visitas, demoradas e cansativas.

5. DIVULGAÇÃO — CONTATOS COM A IMPRENSA

As atividades específicas dos Departamentos de Relações Públicas variam e diferem muito entre si, de acordo com a natureza e o volume dos negócios. Serão consideradas, em seguida, as atividades normalmente desenvolvidas por esses Departamentos.

A atividade considerada de maior importância por várias empresas, desde a década de 50, é o trabalho de *divulgação*, ou seja, notícias empresariais incluídas nos noticiários informativos dos vários meios de comunicação de massa[2].

Para serem publicadas, as matérias sobre a empresa devem conter notícias, isto é, despertar o interesse de vários segmentos do público, ou do público em geral. Quanto maior e mais ramificada for a empresa, maior interesse suas notícias irão despertar, pois envolverão maior número de pessoas e maior volume de dinheiro — e deve-se lembrar sempre, que as grandes quantidades são sempre notícias jornalísticas.

Notícias empresariais de rotina alimentam a grande imprensa cotidianamente e vários jornais possuem espaço reservado para esse fim.

O Departamento de RP apresenta a versão oficial da empresa sobre qualquer assunto e principalmente quando surge algum problema na empresa, que poderá interferir negativamente sobre a opinião pública.

Além do noticiário empresarial, há um tipo de informação que acompanha os eventos especiais, que pode-se dizer tratar-se de *literatura sobre a empresa*, pois esgota o assunto. Vê todos os ângulos e fornece subsídios para que os jornalistas elaborem reportagens sobre a empresa, ou sobre seus produtos, ou sobre algum acontecimento importante da empresa. Esses são os chamados *press kits* que, às vezes, também são distribuídos nas *coletivas de imprensa*, convocadas pela empresa. Nas coletivas, quando são convidados jornalistas de vários jornais, é feito um comunicado, sempre seguido de uma informação por escrito.

Há ainda o esforço de conseguir fazer publicar ou ir ao ar *entrevistas com diretores* da empresa, sempre que envolver interesse para o público. Entrevistas são um dos melhores meios de divulgação, pois pode ser enfatizado o aspecto humano, e o ouvinte se lembrará mais do que ouviu.

Há necessidade de se cuidar do bom relacionamento com os jornalistas e fornecer-lhes as informações que desejam — considerando-os um público e não usá-los apenas como intermediários para se conseguir matérias publicadas.

A presença freqüente de um produto, nos meios de comunicação de massa, não somente como anúncio, mas como *notícia*, tendo o endosso do veículo de comunicação, torna o produto mais importante, destacando-o dos concorrentes e faz com que o produto se torne moda. Essa é a vantagem da divulgação jornalística.

Outra vantagem é o alargamento da faixa de público atingido. O noticiário de imprensa pode alcançar outros setores, além do público consumidor (não apenas o *heavy user* — o grupo que consome mais intensamente o produto ou serviço), fazendo com que a mensagem chegue também a outros consumidores em potencial.

6. RELAÇÕES COM O PÚBLICO INTERNO

Partindo-se da premissa de que somente existirão numa empresa a filosofia, as políticas e os programas de relações públicas, se essa empresa for estável, lucrativa e seguir uma política salarial justa, pode-se considerar que um dos objetivos das relações públicas é conseguir a boa vontade dos empregados.

Para que os empregados estejam satisfeitos, eles devem se considerar como partes importantes de uma atividade útil e digna. Devem se identificar com o trabalho desenvolvido pela empresa e compreender seu funcionamento.

O caminho para se conseguir essa boa vontade consiste em proporcionar ao empregado um sentido de identificação com a empresa e satisfação pessoal. São diversas as ferramentas usadas para atingir esses objetivos e podem incluir: bom atendimento médico-hospitalar, publicações empresariais, atividades recreativas, concursos e prêmios de incentivo ao trabalho de realizações pessoais; conseguir material educativo para os empregados; melhores restaurantes; facilidades bancárias junto ao local de trabalho; facilidades esportivas, etc.

Para algumas empresas este público é considerado prioritário, pois afinal a boa imagem deve começar em casa e também porque os empregados passam cerca de 11 a 12 horas por dia, em função da empresa. O empregado passa mais tempo na empresa do que em casa, ou em qualquer outro lugar; portanto, ele precisa ter uma certa satisfação em desempenhar suas funções.

Uma boa política de relações públicas pode ajudar a estabilizar uma situação trabalhista, conseguindo uma atmosfera favorável aos empregados, que irá impedir ou dificultar as atividades destrutivas de agitadores trabalhistas, atuando em conjunto com os responsáveis pelas relações industriais, fornecendo-lhes assistência no relacionamento com os sindicatos; divulgando para o público e para os empregados o ponto de vista da empresa, quando surge a ameaça de um conflito.

As atividades de relações públicas devem ser usadas como um caminho para a estabilização trabalhista, para alcançar resultados preventivos e curativos que são mais facilmente alcançados quando o trabalho é desenvolvido continuamente. Um trabalho de relações públicas torna-se quase ineficaz, quando é realizado somente nas épocas em que surgem ameaças de greves, ou outros problemas.

Em vista da grande importância que se dá a este público, são dadas — em anexo a este Capítulo — sugestões para um Programa de Comunicação com o Público Interno e informações sobre o jornal empresarial.

7. RELAÇÕES GOVERNAMENTAIS

As relações governamentais podem ser vistas sob dois ângulos:
— do ponto de vista dos órgãos governamentais para com o público e
— do ponto de vista das empresas privadas para com os órgãos governamentais.

Considerando-se a atuação dos órgãos governamentais junto ao público, no sentido de melhorar a comunicação e conseguir uma imagem positiva, sua forma de agir não difere muito da usada pela empresa privada, nos mesmos termos. Pois utilizam-se das mesmas técnicas de relações públicas usadas pelas empresas privadas, seguindo o mesmo processo de RP.

Quanto à divulgação pela imprensa, os órgãos governamentais têm vantagem sobre as empresas privadas para a colocação de *releases*, principalmente quando se trata de empresa de serviço público, pois quase tudo que as envolve é notícia e, portanto, é de interesse dos jornais publicá-las.

Considerando-se a atuação das empresas privadas junto aos órgãos governamentais, há atividades que se assemelham ao *lobby*, no sentido norte-americano, e que embora tenha conotações negativas aqui, são desenvolvidas por gerentes de Relações Governamentais.

Várias empresas mantêm escritórios no Rio de Janeiro e em Brasília para tratar de assuntos governamentais e esses escritórios comunicam-se entre si, pois o nosso governo funciona de fato e de direito em ambas as cidades. Assim, essas empresas mantêm escritórios que cuidam não só da área de relações públicas, mas também — em termos de comunicação —, atuam junto a vários setores internos de suas empresas, no sentido de conseguir guias da CACEX, manter contatos com o CIP, em sistema de *follow up*. Em Brasília, podem ajudar o Departamento Jurídico Fiscal da empresa, junto ao Ministério da Fazenda para acompanhar recursos e pareceres. Assim, obtêm e transmitem as informações para a empresa, ou por malote, ou por telegrama.

Em alguns casos, encontramos Gerentes de Relações Governamentais atuando, no Rio e em Brasília, para todas as unidades de uma companhia *holding*.

Entre suas atividades podemos destacar a apresentação de projetos de nível técnico, preparados por pessoal interno de nível técnico, junto ao CDI-Conselho de Desenvolvimento Industrial. E também projetos de importação de componentes para os produtos que sua empresa fabrica, também via CDI, apresentação de projetos de exportação, etc.

A apresentação de projetos de nível técnico ou econômico é feita aos órgãos governamentais visando obter benefícios fiscais e outras vantagens para a empresa. A aprovação de um projeto no CDI, muitas vezes é assunto para *release* que, em certos casos, é publicado com destaque pelos jornais informativos.

Esses profissionais representam a empresa nos sindicatos, como órgãos da classe patronal e todo projeto tem seu cronograma. Existem os canais competentes para que uma empresa apresente suas sugestões quanto à política geral de industrialização, sob a égide do Ministério da Indústria e Comércio, como por exemplo:

— por meio de carta, ofício, requerimento ou entrevista pessoal;
— através de entidade de classe, dos sindicatos empresariais;

pois todo pedido de empresa que fuja ao rotineiro tende a ser considerado como um pedido especial.

Podemos citar o exemplo da atuação do Sindicato Nacional da Indústria de Tratores, Caminhões, Automóveis e Veículos Similares com alto padrão de credibilidade perante os associados e perante o governo. Tem mais de 20 anos e trabalha através de três plenários setoriais de tratores, de caminhões e de automóveis, sendo que cada um tem um vice-presidente. O diretor da entidade é necessariamente diretor de uma das empresas que fazem parte do Sindicato. Nos Plenários, há representantes de alto nível, diretores ou não, e há comissões interplenariais, como a Comissão de Assuntos Jurídicos, a Comissão de Assuntos Econômicos, a Comissão de Relações Industriais e a Comissão de Marketing.

Nessas comissões são tratados assuntos que podem gerar mais exportações; desenvolver empresas de médio e pequeno porte; provocar transformação de tecnologia ou horizontalização de tecnologia. Às vezes são criados Grupos de Trabalho para fazer anteprojetos de decretos-leis, cuja minuta é transmitida a todos os associados. Conseguida a aprovação, o anteprojeto é transformado em ofício e encaminhado aos canais competentes.

Existe hoje uma tendência de as empresas organizarem seus Departamentos de Relações Governamentais, destacados da estrutura empresarial e com pessoal altamente treinado para essas funções.

8. RELAÇÕES COM A COMUNIDADE

Como várias outras atividades de relações públicas, para se estabelecer um Programa com a Comunidade, deve-se iniciar com um diagnóstico para que sejam conhecidas e determinadas as características da comunidade.

Boas relações com a comunidade facilitam a aceitação de uma empresa e afastam desconfianças. Fazem com que os públicos da comunidade sintam que a empresa representa importante papel na vida da comunidade. E ambos devem assumir suas respectivas responsabilidades, sem esperar benefícios a expensas de prejuízo do outro.

Cada comunidade apresenta características individuais distintas, que requerem tratamento específico no planejamento das relações comunitárias.

Quer a empresa esteja instalada numa grande cidade, quer em pequenas comunidades, ela depende da sua reputação de "empresa onde é bom trabalhar", devido à sua política salarial, seu sistema de promoções e estabilidade para o trabalhador. Terá assim uma fonte garantida de elemento humano bom para o trabalho, atraindo empregados competentes e os melhores futuros executivos, que escolhem geralmente as empresas "de maior prestígio" junto à opinião pública.

É muito diferente uma empresa ser cidadã de comunidades industriais como Santo Amaro, ou São Bernardo do Campo, junto a inúmeras outras, ou quando ela é a única empresa grande de uma cidade pequena. Sendo a única num lugar pequeno, ganha relevo e suas ações sobressaem muito mais.

Quando há a transferência ou instalação de uma grande indústria em cidade pequena, há dois trabalhos básicos de relações públicas:

— sensibilização dos empregados que devem ser transferidos e

— trabalho junto à comunidade onde se instalará a empresa.

A sensibilização, junto ao público interno que deverá ser transferido, pode ser feita por meio de palestras com *slides,* mostrando o local e as futuras instalações; quais serão as condições de vida; a possibilidade de boas escolas para os filhos; maior facilidade de transporte; local agradável para moradia; possibilidades de recreação ou de convênios com clubes locais, etc.

O trabalho junto à comunidade pode ser feito a partir de contatos pessoais com os líderes e políticos locais e com o pessoal da imprensa.

Pode ser feito por meio de anúncios institucionais, explicando as vantagens para os moradores com a instalação da empresa, em termos de valorização dos imóveis; oportunidades de empregos e maior desenvolvimento para a cidade. Paralelamente, de acordo com uma política publicitária, a empresa deve fazer publicar anúncios de igual tamanho, em todos os jornais da cidade.

Durante a fase de construção das instalações, várias providências podem ser tomadas. Por exemplo: proferir palestras sobre a futura mudança e distribuir *releases* sobre as atividades da empresa. Outra providência seria construir uma estrada, contornando a cidade, de maneira que os tratores e caminhões pesados não interfiram no tráfego normal da cidade. E também organizar e providenciar algum tipo de lazer para os peões, como campo de futebol, projeção de filmes (de preferência nacionais, devido ao grande número de analfabetos), estimular competições entre eles — tudo enfim para fixá-los o mais possível às obras, de forma que não perturbem o ritmo de vida da cidade. Por serem muito numerosos, quando vão à cidade há uma verdadeira invasão, tendo por conseqüência a destruição e a sujeira dos jardins e demais logradouros públicos.

Após a inauguração das instalações, providenciar visitas com distribuição de brindes e organizar exposições sobre os produtos.

Quando se trata de melhorar as relações com a comunidade em bairros saturados de empresas, algumas campanhas podem ser feitas em conjunto, como a "Campanha do Verde" ou "Ajude a Preservar o que é de Todos", ou sobre os "Perigos do Trânsito". Além disso, a empresa pode conseguir melhorar o tráfego nas imediações; conseguir instalar mais abrigos e pontos de ônibus; aumentar o número de semáforos, conseguir convênios com bibliotecas públicas e atuar junto aos clubes de serviços.

Em caso de calamidade, é uma boa política que as empresas cooperem, sendo que todas têm suas verbas para donativos. Assim, por exemplo, quando houve o incêndio do Joelma, várias empresas privadas colaboraram com envio de leite e transporte de feridos. No incêndio do Andraus, a Pirelli colocou seus helicópteros à disposição para a retirada dos sobreviventes. Por ocasião das enchentes do Rio São Francisco, no segundo semestre de 1978, várias empresas contribuíram com víveres e donativos de roupas.

Outro tipo de participação com a comunidade é a instituição de prêmios, concursos para várias categorias de profissionais e para estudantes de todos os níveis. Assim temos, por exemplo o prêmio Esso de Jornalismo; o prêmio Telesp de Jornalismo; o prêmio Molière, oferecido pela Air France, para incentivar atividades teatrais nacionais; prêmio Johnson-Endochimica de incentivo à ciência e vários outros, tanto para público infantil, como para público juvenil.

Uma empresa pode auxiliar a desenvolver uma comunidade, não só mediante a prestação de bons serviços, mas também através da promoção das vantagens culturais, recreativas e industriais da região. Um bom programa de desenvolvimento regional, por exemplo, contribui para a economia da localidade servida, como também identifica a empresa como uma organização interessada na prosperidade de todos os habitantes da área.

Há o exemplo da General Motors, de São Caetano do Sul, que conseguiu despertar suas concessionárias para as atividades de relações públicas. Algumas delas têm se dedicado a causas comunitárias, encabeçando movimentos comunitários e assumindo lideranças locais.

Portanto, é importante uma genuína demonstração de "identificação com a comunidade" com participação efetiva na vida social, cívica e administrativa da localidade, sendo que a divulgação e promoção do nome da empresa são necessárias para assegurar seu desenvolvimento saudável.

9. RELAÇÕES PÚBLICAS COMO APOIO A MARKETING

As pessoas são influenciadas pela reputação da empresa, na escolha de tudo o que compram. O destaque de um nome é interpretado pelo público como sinal de sucesso, pois, no meio empresarial, o êxito é alcançado pelas verdadeiras realizações. Quer uma empresa fabrique goma de mascar, maionese, rolamentos ou aviões, o prestígio de seu nome ajudará a vender seus produtos. Conseguindo conquistar revendedores, contará com apoio em seu esforço de venda, conseguirá resistir aos concorrentes e abrir caminho para o lançamento de novos produtos.

As atividades de relações públicas se traduzem por influências discretas, não vendedoras, mas cujas conseqüências são valiosíssimas sobre o *desejo de compra* do consumidor. São atividades que dão suporte ao esforço de venda da propaganda e de *merchandising* conseguindo-lhes uma dimensão maior. Relações públicas desenvolvem certas atividades que, associando nomes e marcas de produtos, conferem o prestígio da empresa ao produto e, atualmente, essa maneira de agir é indispensável para um moderno esforço de vendas.

A comunicação em *marketing* inclui todos os elementos relativos ao produto, embalagem, preço, canais de distribuição e outros fatores que modelam o conhecimento do consumidor e seu comportamento de compra. Mas o problema da comunicação externa não termina com o consumidor, pois devem ser considerados os distribuidores e representantes, que determinam se o produto vai atingir a "estante", ponto último da venda. Sua atuação exerce grande influência, pois quanto menos for conhecido o produto ou a empresa, mais importante se tornam as figuras dos distribuidores e dos representantes.

Pesquisas de opinião revelam que os consumidores têm grande avidez por informações sobre preços, qualidade, suprimento de mercadorias e serviços, assim como, sobre as empresas que produzem e distribuem produtos. Boas relações com consumidores significa informá-los a respeito das empresas, produtos e serviços, a fim de ajudá-los a comprar com mais discernimento e utilizar as compras de modo mais satisfatório. São muitos os consumidores interessados em conhecer fatos mais completos e específicos sobre produtos, além dos comumente postos à sua disposição, pela publicidade.

O crescimento e desenvolvimento das relações públicas, no Brasil, deve-se não somente ao fato de os empresários perceberem a importância da imagem institucional da empresa, nos termos clássicos de RP, mas devido à descoberta da importância das técnicas de relações públicas para o êxito do esforço de *marketing* nas empresas. Assim, as técnicas de relações públicas passam a aparecer nos quadros de planejamento de *marketing* empresarial. Este setor é o melhor caminho para a institucionalização do serviço de relações públicas, dentro da empresa.

O desenvolvimento das funções mercadológicas veio como resultado de muitos fatores, entre os quais podemos citar a produção em massa; a reestruturação econômica de grandes países produtores, que tinham estado em recesso durante a Segunda Guerra Mundial; o crescimento econômico-industrial de outros países que se incorporaram à economia mundial; o avanço da tecnologia.

Anteriormente a esses fenômenos, o número de produtores era muito menor e seus produtos tinham mercado certo; nessas circunstâncias, era a empresa que impunha suas condições. Mesmo assim, houve grande preocupação quanto ao adestramento técnico do trabalhador, a fim de alcançar o máximo possível da produtividade humana. Entrou em ação também a Engenharia Industrial para obter melhor aproveitamento do tempo, do trabalho das máquinas, do espaço ocupado pelas instalações e pelas equipes; da matéria-prima e dos materiais.

Marketing é a função relacionada com o planejamento, desenvolvimento e venda de um produto, procurando encontrar o que o consumidor em potencial deseja, suas necessidades, gostos e desejos, a fim de conseguir o produto que mais agrade e que o produto esteja disponível.

A evolução de *marketing* faz com que algumas empresas se preocupem em saber se o consumidor realmente quer determinado produto — e como o prefere — antes de iniciar sua fabricação. E vão além: procuram fazer com que seus esquemas de vendas, publicidade, distribuição, *merchadising* sejam tão eficientes quanto possível.

É um processo econômico, que compreende a investigação e análise do Mercado Industrial e do Mercado de Consumo, para conhecer as necessidades, os gostos, as tendências naturais e desejos dos consumidores ou usuários. Dirige e mantém o movimento de distribuição dos produtos ou serviços, fazendo-os chegar aos compradores, aos consumidores e aos usuários.

Desde meados dos anos 70, as empresas, no Brasil, vêm investindo em esporte e cultura. Patrocinam competições de hipismo, iatismo, natação, *windsurf* e principalmente tênis, atingindo também públicos infanto-juvenis, como por exemplo o torneio internacional Banana Bowl. No âmbito cultural há vários exemplos, destacando-se os circuitos de música erudita, promovendo músicos novos e talentosos, em várias cidades do país.

O grande interesse demonstrado pelas empresas em promover competições esportivas e mesmo em criar suas próprias equipes, deve-se ao retorno imediato conseguido em termos de promoção, a um custo infinitamente mais baixo do que seria a publicidade, com uma audiência bem maior e sem o truque do *merchandising,* quando a marca da empresa aparece nos jornais e telejornais de todo o país, ligado ao noticiário esportivo.

Fazendo promoção institucional de determinados segmentos esportivos as empresas têm também o benefício assegurado pela legislação do imposto de renda. As doações esportivas para o imposto de renda têm mecanismos idênticos aos das doações culturais.

A campanha "Adote um Atleta" organizada pela Prefeitura de São Paulo obteve amplo interesse dos empresários. De acordo com a campanha, a empresa paga dois salários-referência (Cr$ 4.960,00 cada um, em 1981) e pelo sistema de bolsa de estudo, adota um atleta selecionado pelos técnicos do Centro Olímpico do Ibirapuera. A empresa fica isenta dos encargos sociais (13.º salário, fundo de garantia, PIS) para o atleta adotado e pode abater no imposto de renda o dinheiro empregado.

Assim, os nomes e logotipos das empresas aparecem nas roupas e equipamentos esportivos, treinando e criando equipes esportivas e patrocinando torneios, cujos montantes de investimentos são amplamente compensadores[3].

10.FEIRAS E EXPOSIÇÕES

Atualmente, nas feiras e mostras o produto mais exposto é a informação. A combinação de soluções arquitetônicas, elementos cenográficos e demonstrações tecnológicas, constitui o complexo veículo de comunicação entre os expositores e o grande público, entre as novidades mercadológicas e a afirmação publicitária, entre produtores e operadores especializados.

As feiras apresentam as mensagens de vanguarda como um sinal das tendências do que as empresas elaboram, situando-se na perspectiva econômica e social geral da sociedade.

O desenvolvimento de uma indústria e o lançamento de seus produtos estão ligados ao aparato de comunicação montado sobre realizações gráficas, publicitárias e editoriais, *stands* em feiras, cada vez mais bem cuidados, para alcançar o público consumidor.

São usados *stands* com decoração inusitada, fantástica, combinada com efeitos de luz e cores. Os materiais são os mais sofisticados e as mensagens são de vanguarda.

11. EVENTOS ESPECIAIS E PROMOÇÕES

O setor de Promoções é um dos setores mais trabalhosos de um Departamento de Relações Públicas, cujas funções são extremamente diversificadas e geralmente mobilizam muita gente. Este setor além de organizar almoços, jantares, coquetéis, contratar bufês, também organiza *shows*, contrata cantores, pianistas, organistas; promove desfiles de modas; faz promoções beneficentes e sorteios. Recepciona visitantes, aluga carros, organiza programas turísticos, faz reservas de hotéis, organiza atividades para as esposas de executivos visitantes, supervisiona cardápios, cuida da segurança de visitantes VIPS.

Cabe, geralmente, ao setor de Promoções inaugurar fábricas, fazer encontros, congressos e convenções, cuidar da decoração, da aparelhagem de som; organizar seminários e conferências; colaborar no lançamento de produtos; supervisionar a montagem de *stands* e *displays*; controla fornecedores; orienta recepcionistas.

É ainda este setor que promove competições esportivas; concursos de todos os tipos; promove exposições de artes plásticas; faz promoções de cunho cultural. Faz *merchandising* promovendo artistas; filmes do circuito comercial e peças de teatro. Escolhe presentes especiais para clientes VIPS, escolhe e distribui brindes, manda confeccionar camisetas, pastas, canetas, bloquinhos, bonés, objetos promocionais, chaveiros referentes ao evento. Promove eventos especiais para o público infantil, com distribuição de sorvetes e *kits*.

O setor pode se envolver com acontecimentos mais inusitados como promover um barco à vela, numa regata de jangadas, no Ceará; construir fliperamas gigantes; alugar rapidamente um helicóptero, ou um elefante; conseguir tradutor simultâneo para quatro idiomas; organizar uma festa de Natal para 7.000 pessoas, ou um jantar sentado para 2.000; ou inaugurar uma "boutique no ar".

Enfim, é este o setor que cuida das fascinantes e complexas atividades de RP e realiza alguns milagres diariamente. É de responsabilidade deste setor, desde o desembarque de uma personalidade, sua segurança, até o tamanho da azeitona, numa empadinha.

12. PROGRAMA DE COMUNICAÇÃO COM O PÚBLICO INTERNO

Um Programa de Comunicação com o Público Interno inclui: 1. meios de comunicação interna; 2. campanhas e programas; 3. eventos; 4. atividades lúdicas; 5. pesquisas; 6. convênios; além dos trabalhos burocráticos, de rotina, do Departamento de Relações Públicas.

1 — MEIOS DE COMUNICAÇÃO INTERNA

1.1 *Comunicação direta*: folhetos, boletins, circulares, comunicações internas, memorandos, relatórios, anexos em folhas de pagamento, convites, felicitações (aniversários, casamentos, nascimentos).

1.2 *Comunicação indireta*: murais, cartazes, exposições.

1.3 *Comunicação oral*: palestras, seminários, reuniões de grupos.

1.4 *Jornal empresarial*: trata-se de instrumento decisivo de comunicação entre a empresa e seus empregados.

1.5 *Audiovisual*: de integração para novos funcionários, de apresentação da empresa, com suas políticas e metas; *audiovisual institucional* da empresa, para público interno e externo.

1.6 *TV em circuito fechado*: usado normalmente para segurança, controle de produção e comunicação interna.

1.7 *Meios de Comunicação Interna, de baixo para cima:* Caixa de sugestões e reclamações; Política de *open-house;* Entrevistas pessoais (descontentes, demissionários, etc.)

2 — CAMPANHAS E PROGRAMAS

2.1 *Segurança do público interno*: segurança no trabalho, prevenção contra acidentes, contra incêndio;

2.2 *Apoio às campanhas governamentais*: vacinação, economia de combustível, agasalho, brinquedo, material escolar;

2.3 *Incentivo à produção* com distribuição de prêmios;

2.4 *Outras*: doação de sangue, doação de olhos, aproveitamento de material usado.

3 — EVENTOS

3.1 *de rotina*: integração de novos funcionários com apresentação do Audiovisual; visitas de personalidades com almoço junto à diretoria; aniversário da empresa; Natal; comunhão pascal; aniversário da cidade; Dia da Secretária; Dia da Telefonista; homenagem a funcionários com mais de 10 anos de casa; convenções.

3.2 *especiais*: datas cívicas como Semana da Pátria, Dia da Bandeira. Estes eventos podem ser considerados especiais ou de rotina, dentro dos "planos de alternativas".
Festa junina; festa da primavera; Dia da Criança; Dia da Árvore; Dias das Comunicações e outros.

4 — ATIVIDADES LÚDICAS

Torneios esportivos; grupo de teatro; grupo de coral; concursos; feira do livro; feira do disco; ateliê de artes plásticas; exposições de trabalhos feitos por funcionários; exibição de filmes; excursões; fins de semana na colônia de férias.

5 — PESQUISAS

Avaliação do relacionamento entre os empregados; quanto ao jornal interno; quanto ao nível de satisfação dentro da empresa, harmonia grupal etc.

6 — CONVÊNIOS

Em algumas empresas os convênios são estabelecidos, ou pelo Departamento de Relações Industriais, ou pelo Departamento Pessoal e em alguns casos pelo Departamento de Relações Públicas visando o bem-estar do empregado, entre eles: convênios com hospitais; clínicas; restaurantes; colônia de férias, excursões e escolha de uniformes.

Nota Final

O desenvolvimento deste Capítulo demonstra a complexa diferenciação das atividades e recursos usados em Relações Públicas. Ao lado de pressupostos técnicos, ensejam uma tentativa de codificação a partir de seu processo e sempre em função de sua meta primordial — o esclarecimento contínuo da opinião pública.

Notas

1) Berelson, B. & Steiner, G.A., *Human behavior,* Harcourt, Brace and World, 1964.

2) Canfield, Bertrand R., *Relações Públicas,* 2.ª ed., trad. Olivia Krähenbühl, São Paulo, Pioneira, 1970, 2 vol., pp. 56-57.

Pesquisa realizada na década de 50, pelo prof. Nugent Wedding da Universidade de Illinois, entre 85 organizações, cujo resultado foi: que todas as empresas pesquisadas consideravam como a atividade mais importante de um Departamento de RP a "divulgação de notícias" 100%. A tabela, resultado da pesquisa, é citada em pelo menos três livros de autores nacionais e foi citada no *Boletim Informativo* do CONRERP-SP, de fev. de 1979.

3) "Marketing — O Esporte e a Cultura como Investimentos". *IstoÉ*. São Paulo, 24 set. 1980, p. 84.

"Esporte — As Empresas em Campo". *Veja*. São Paulo, 11 mar. 1981, n.º 653, pp. 80-86.

"Melita: misturando café com tênis". *Tênis Ilustrado*. São Paulo, abril 1981, n.º 41, pp. 64-65.

CAPÍTULO VI

Estudos de caso

1. A IMPORTÂNCIA DA TÉCNICA DE ESTUDOS DE CASO

A idéia grega de método — caminho racional para se chegar a um fim — passou a dominar a ciência do Ocidente. Com o crescimento da sociedade e de seus problemas, as realidades tornaram-se fenômenos complexos e os aspectos metodológicos ganharam em importância. Daí o apuro dos métodos, a se completarem ao longo de exigências práticas, de caráter subsidiário, mas indispensável, que se expressam por meio de processos ou técnicas.

O processo é uma forma sistemática de operar na investigação, em suas várias formas: estatística, histórica, experimental ou casuística. A técnica é uma operação determinada para manejar os dados, em função do processo básico ou genérico: questionários, entrevistas, observação participante, estudos de caso, e outros. Pode-se, portanto, compreender a metodologia como um *corpus* de princípios, por meio dos quais os processos e as técnicas se selecionam e se articulam — o que em termos sociológicos, seria o código de normas da investigação[1].

Destaca-se por sua importância, na análise empírica, o *estudo de caso*. Ele se justifica porque um grande número de pesquisas estão fundadas no estudo, em profundidade, de casos particulares, isto é, numa análise intensiva, empreendida numa única ou em algumas organizações reais.

O estudo de caso reúne informações tão numerosas e tão detalhadas quanto possível, com vistas a apreender a totalidade da situação. Por isso, ele recorre a técnicas de coleta de informações igualmente variadas, tais como, observação, análise de documentos e entrevistas[2].

Nesta técnica de análise parte-se do princípio de que qualquer caso que se estude em profundidade, pode ser considerado representativo de muitos outros, ou até de todos os casos semelhantes. A descrição deve ser completa, absorvendo todos os fatores que influenciaram a gênese do fenômeno e levando em consideração todos os seus aspectos e variáveis. Dessa forma, a comparação entre os estudos de caso permite, com maior rigor, verificar e compreender a mecânica interna dos grupos ou microssistemas sociais investigados.

Os estudos de caso aqui analisados visam elucidar, ao máximo, o Processo de Relações Públicas, sem negligenciar a sua compreensão teórica. Expressam certamente o seu acabamento, numa ordem prática, baseados numa teoria e referentes a um objeto de conhecimento, tendem a testar a validade empírica com vistas à prova experimental. Os 10 acasos selecionados foram subdivididos por categorias.

Os casos de *Relações Públicas Institucionais* (GM & Rede Concessionária; Rainha da Soja da Sanbra; Filmoteca Philips e Calendário Pirelli), isto é, aqueles que visam a promoção de imagem ou de marca tiveram, todos eles, pelo menos 10 anos de existência, o que comprova que para se construir e se firmar a imagem de uma empresa ou marca leva tempo, sendo um processo que surte efeito a longo prazo.

Para os casos de *Relações Públicas em Apoio a Marketing*, aqueles cuja característica é apresentar paralelamente campanhas de relações públicas e publicitária, foi selecionado um caso típico de lançamento de produto para todo o Brasil (SBP) e um caso bastante raro, de lançamento de produto, sem campanha publicitária (M. Chandon). Quanto à recuperação de imagem de produto, foi escolhido um caso clássico em relações públicas (Corcel), produto esse cuja receptividade foi tão negativa a ponto de a linha estar em vias de ser desativada. Outro caso, (escapamentos Kadron) que, num determinado momento apresentou fortes quedas de vendas, superadas graças à campanha de RP. E o caso (US Top), a marca cujo objetivo era conquistar um novo segmento de público, no caso, o público jovem para a linha de seus produtos esportivos.

O caso para representar *Relações Públicas Institucionais de Produtos* (Kodak) recebeu o Prêmio Opinião Pública, em 1980, na categoria de projetos institucionais para associação e entidades, prêmio esse instituído pelo CONRERP-SP, a nível nacional.

Relações Públicas Institucionais
GM — Programa para Despertar uma Filosofia de Relações Públicas junto à Rede de Concessionários
SANBRA — Concurso Rainha da Soja do Brasil
PHILIPS — Filmoteca Philips — Contribuição à Educação Popular
PIRELLI — Calendário Pirelli

Relações Públicas em Apoio a Marketing — Lançamento de Produtos
SBP — Campanha de RP de Apoio a Lançamento de Produto
Lançamento do Champanha M. Chandon no Brasil

Relações Públicas em Apoio a Marketing — Recuperação de Imagem de Produtos
CORCEL — Campanha de RP para Sanar Queda de Vendas
KADRON — Mudança de Imagem e Queda de Vendas
SÃO PAULO ALPARGATAS — Implantação de um Núcleo de Eventos Especiais como Estratégia de Comunicação

Relações Públicas Institucionais de Produtos
Kodak — 100 Anos da Kodak no Mundo

2. RELAÇÕES PÚBLICAS INSTITUCIONAIS

2.1. GM — Programa para Despertar uma Filosofia de Relações Públicas junto à Rede de Concessionários

De acordo com a filosofia de relações públicas da GMB, este não é um trabalho exclusivo de um determinado grupo de pessoas: todas têm uma responsabilidade de RP, desde o presidente ao jardineiro, no sentido de desenvolver bons relacionamentos.

No caso da indústria automobilística, existe um outro ramo considerado vital para o êxito de qualquer programa de relações públicas, que é a *rede de concessionários*, ou de revendedores. Desde a implantação do Departamento de RP, esse foi um público que mereceu uma atenção muito especial.

Como a clientela identifica a rede revendedora como sendo uma extensão da fábrica, julgando os atos de um revendedor de automóveis como representante do próprio fabricante, então de pouco adianta um imenso programa de relações públicas, por parte da fábrica, se não houver, paralelamente, desenvolvimento de programas de RP por parte da rede de revendedores.

Aí talvez resida uma das áreas mais críticas para o fabricante de automóveis. Precisa encontrar, por parte da rede de concessionários, uma mentalidade de RP que se coadune com a mentalidade da fábrica. E, internamente, as concessionárias deveriam doutrinar seu próprio pessoal a assumir a responsabilidade de participação em programas de RP.

Ao ser implantado o Departamento de Relações Públicas na GMB, em 1968, foi feita a primeira experiência junto à rede de concessionários com a intenção de fazer um diagnóstico no tocante às atividades de RP. Foi enviada uma carta personalizada a todos os 270 concessionários, com uma apresentação do Departamento de Relações Públicas, quais eram seus objetivos e propondo colaboração. Dessas cartas receberam apenas seis respostas. Assim, se não havia disposição nem para responder uma carta cordialíssima, imagine-se para desenvolver programas de relações públicas.

Identificado o problema, resolveram montar um programa de doutrinamento, quase uma catequese em termos de Relações Públicas. A primeira providência tomada foi elaborar uma literatura, uma cartilha de Relações Públicas em âmbito comunitário, com o objetivo de despertar nos concessionários a necessidade de desenvolverem, eles próprios, um programa de relações públicas.

O Manual de Relações Públicas foi distribuído a todos os concessionários e em seguida foi reeditado quatro vezes, sendo que na última vez, houve uma reformulação total, no texto, nas ilustrações, no *lay-out* e foi introduzido um calendário de efemérides da GMB, para ser utilizado como elemento básico na organização de palestras em comunidades e clubes de serviços. Contém uma série de informações fundamentais sobre a empresa e sobre os produtos que ela representa. Atualmente o Manual chama-se *Relações Comunitárias — O Segredo para o Sucesso.*

Além do Manual, são aproveitadas todas as oportunidades de reuniões setoriais, regionais e convenções para insistir no ponto de que é, não só importante, como até vital para a sobrevivência do concessionário, que sejam desenvolvidos programas de relações públicas junto à comunidade.

Hoje, a situação está muito melhor do que 10 anos atrás, mas ainda longe do que seria desejável. Ainda há confusão entre promoção de vendas, prestação de informações e relações públicas, mas repetindo e insistindo, poderá ser conseguida a mudança de comportamento.

Podem ser encontrados exemplos, atualmente, de concessionárias que se têm dedicado a causas comunitárias, encabeçando movimentos e assumindo lideranças de movimentos comunitários. O Manual é um ponto de apoio, que preconiza tudo o que pode ser utilizado para captar admiração, simpatia e respeito às atividades desenvolvidas pelas concessionárias e, em última análise, esses sentimentos se desdobram pelo próprio produto que vendem.

Outra providência adotada pelo Departamento de Relações Públicas refere-se aos anúncios institucionais, isto é, toda propaganda institucional produzida e veiculada pela GMB traz sempre a assinatura dos concessionários. Isso é feito para que eles sintam a importância da propaganda institucional, para que eles também, de vez em quando, possam tirar proveito de certas oportunidades para fazerem seus próprios anúncios institucionais, para formarem a imagem da concessionária junto à comunidade onde atua.

Durante a fase inicial de diagnósticos, o Departamento de RP já havia iniciado a distribuição de *press-releases* e material informativo aos concessionários, com a recomendação que oferecessem as matérias aos jornais locais.

Em visita a uma concessionária, numa cidade onde havia um jornal diário, impresso em *off-set*, e que estava recebendo regularmente os informativos e os *releases*, duas vezes por semana — como recebem até hoje — ao ser interpelado, o responsável, se havia feito contato com o jornal local, respondeu que ninguém tinha se interessado pelo material.

Mais tarde, o gerente de RP foi abordado por um funcionário da concessionária, que se identificou como jornalista, editor do caderno de automóveis do jornal local. Solicitou que lhe enviasse boletins e material informativo da fábrica, pois havia grande interesse do público sobre essas matérias, e ele nunca havia recebido nenhum material de divulgação.

Eis um exemplo do total alheamento dos concessionários, com um jornalista local trabalhando na loja e desconhecendo o fato.

Assim esse foi um grande trabalho feito, em termos de Relações Públicas, para enfrentar uma situação nova, de educar toda a rede quanto à necessidade de desenvolver um trabalho conjunto.

Dados fornecidos por Antonio Romeu Neto, Gerente de Relações Públicas da GM-General Motors do Brasil S.A., de 1969 a 1982.

2.2. SANBRA — Concurso Rainha da Soja do Brasil

A soja, conhecida como *shu* pelos chineses, foi introduzida no Brasil em 1882, mas só veio a ter desenvolvimento expressivo a partir da década de 70. A história da soja no Brasil está ligada à Sanbra, cuja presença no Paraná data de 1962, com a inauguração de sua fábrica de óleo de Maringá, ampliada em 1969. O crescimento econômico do Paraná e a evolução da soja levaram a Sanbra a implantar uma nova unidade, visando atingir competitivamente o mercado internacional e abastecer o mercado interno. Em 1968 foi escolhida a cidade de Ponta Grossa, devido à sua localização estratégica, um importante entroncamento rodoferroviário. O parque industrial que a Sanbra construiu em Ponta Grossa transformou a cidade na "Capital Mundial da Soja".

O I Concurso Rainha da Soja foi feito em 1971, por ocasião do lançamento da pedra fundamental do parque industrial de Ponta Grossa. Desde que foi iniciado o certame, ainda em âmbito local, suas bases pouco se modificaram, até o último concurso em 1980. Tratava-se de concurso de cunho basicamente cultural e não apenas de um concurso de beleza. Era imprescindível que as candidatas tivessem bons conhecimentos sobre a soja. Eram levados em conta desembaraço e fluência verbal e, também, a desenvoltura na passarela.

A Rainha eleita, suas princesas e a Rainha da Simpatia percorriam várias capitais do País, sendo recepcionadas por autoridades federais, estaduais e municipais e tinham contato com a diretoria da Sanbra.

As vencedoras eram apresentadas à imprensa, concediam entrevistas aos meios de comunicação e às autoridades e transmitiam a mensagem sobre a importância da soja e seu desenvolvimento, às demais capitais. Compareciam a Feiras, Exposições e Campanhas, como a Campanha de Incentivo ao Consumo da Soja, cujo objetivo era promover a soja como alternativa de baixo custo para a aquisição de proteínas necessárias à alimentação do brasileiro.

Em São Paulo, durante a viagem prêmio, na qual recebiam tratamento VIP, a apresentação à imprensa era feita no Belvedere do Centro Empresarial e posteriormente eram recebidas pelos secretários da Agricultura, dos Transportes. No Rio de Janeiro, cumpriam programação recreativa.

O Concurso Rainha da Soja do Brasil, de 1979, teve a participação de 54 municípios do Paraná, Rio Grande do Sul, Santa Catarina e São Paulo. Cada município podia apresentar apenas uma candidata e a eleição era realizada de acordo com critérios das prefeituras locais.

Em Ponta Grossa, a escolha era realizada em três etapas; em dois dias, havia a apreciação dos itens relativos a conhecimentos gerais sobre a soja, desembaraço e fluência verbal; no terceiro dia, antecedendo a escolha da Rainha da Soja do Brasil, era feita a eleição da Rainha de Ponta Grossa. O prazo para as inscrições se encerrava dez dias antes do início do certame e as fichas de inscrição eram feitas em duas vias: a primeira era encaminhada para a Secretaria Municipal de Economia de Ponta Grossa e a segunda, para a Sanbra, em São Paulo. A idade mínima para a inscrição era 17 anos.

A escolha da Rainha da Soja do Brasil exigia três dias de muito trabalho por parte dos jurados. Havia um teste escrito, sobre conhecimentos acerca da soja, cujas questões vinham lacradas de São Paulo e era feito com a presença da imprensa. Na manhã seguinte, havia a prova de desembaraço e fluência verbal, quando as candidatas respondiam às perguntas formuladas pelos membros do júri. Na presença da imprensa, elas eram filmadas e tudo gravado. Em todos os compromissos, almoços e jantares, as candidatas eram avaliadas pelos membros do júri, que também participavam dos eventos, até o desfile final.

O Concurso Rainha da Soja do Brasil era realizado em maio, com o baile no Clube Pontagrossense e eleição, inicialmente, da Rainha da Soja de Ponta Grossa e, a seguir, da Rainha da Soja do Brasil. Ambas as etapas eram transmitidas, em cores e ao vivo, por três emissoras. As imagens geradas pela TV Esplanada, de Ponta Grossa eram retransmitidas pela TV Iguaçu, de Curitiba e TV Tibagi, de Apucarana. Essa transmissão em cadeia permitia uma cobertura total do Estado do Paraná e parte dos Estados de São Paulo e Santa Catarina.

Todas as etapas do Concurso e da viagem-prêmio eram acompanhadas pelos jornalistas da Sanbra e todos os acontecimentos eram fotografados e publicados na revista *Atualidades Sanbra.*

> Dados fornecidos por Valentina Saptchenko Meyer, gerente da Assessoria de Relações Públicas da SANBRA-Sociedade Algodoeira do Nordeste Brasileiro SA.

2.3. Filmoteca Philips — Contribuição à Educação Popular

Contribuição Philips à Educação Popular era um programa composto de uma série de atividades para divulgação científica por meio de empréstimo de filmes e de *slides,* visando o público estudantil.

Os filmes geralmente eram emprestados para escolas, de todos os níveis e também divulgados pela TV e exibidos para grupos especiais.

Fazia-se uma avaliação minuciosa sobre as entidades que utilizavam os filmes, qual o total de pessoas que assistiam aos filmes, qual o número de exibições mensais de cada um dos filmes.

Fazendo parte da avaliação havia uma pesquisa de opinião para saber como fora recebida a mensagem e como os espectadores consideravam o filme, em que categoria o enquadravam.

Assim, podia-se ficar sabendo qual o filme considerado o mais comercial, o mais curioso, o mais divertido, o mais científico, etc. O formulário de questões acompanhava o filme no momento em que era emprestado; portanto, a pesquisa era feita pelo universo dos espectadores e não por amostragem.

A excelente aceitação desse programa de divulgação pôde ser verificada pelo número crescente de solicitações. Em 1978, as universidades utilizaram os filmes 330 vezes, e as estações de TV dedicaram 8.170 minutos às apresentações, incluindo as estações locais. Houve também um fato pitoresco, o filme "Sem Fronteiras", embora considerado o mais comercial, foi o mais utilizado pela TV, como filme institucional.

O público espectador, recebendo a mensagem Philips, estava em verdadeiro contato direto, face a face com a empresa.

Em 1978, *o resultado da veiculação em todo o território nacional* apresentou os seguintes dados:

— número de *press-releases* distribuídos — 2
— espaços em jornais e revistas — 1.734 cm/coluna.

Exibições em diversos grupos:

Emissoras de TV — 8.170 minutos; universidades — 330; Escolas Técnicas — 427; Escolas Secundárias — 661; Grupos Especiais — 270. Total de exibições — 2.505 e Total de público — 105.031.

PESQUISA SOBRE A CAMPANHA CONTRIBUIÇÃO PHILIPS À EDUCAÇÃO POPULAR

1978

1 — Como soube da existência da Filmoteca:	
a) Jornal	12%
b) Revista	06%
c) TV	01%
d) Outras	81%
TOTAL	100%

2 — Você considera a série vista como:	
a) Educativa	89%
b) Divertida	17%
c) Curiosa	19%
d) Comercial	07%
e) Institucional	06%
(base = 100 solicitantes) Respostas Múltiplas	

3 — Na sua opinião, a série deveria ser exibida em:	
a) Escolas Primárias	29%
b) Escolas Secundárias	70%
c) Universidades	28%
d) Televisão	38%
e) Cinema	04%
(base = 100 solicitantes) Respostas Múltiplas	

Obs.: Os quadros de avaliação estão colocados de acordo com a forma de apresentação usada na Organização Philips, não seguindo, portanto, as Normas de Apresentação Tabular da ABNT.

OPINIÃO DOS USUÁRIOS SOBRE OS FILMES DA CAMPANHA

"Contribuição Philips à Educação Popular"

1978

Nome dos filmes	1 — Você considera o filme visto como:				
	Educativo	Comercial	Institucional	Curioso	Divertido
A Linha da Comunicação	19%	—	—	03%	08%
Como funciona a TV	19%	01%	02%	01%	—
Como funciona o Rádio	20%	—	—	05%	05%
Telecomunicações	18%	01%	01%	05%	09%
1 + 1 = 2	16%	02%	01%	05%	07%
Luz	20%	—	—	04%	01%
Luz e Humanidade	16%	02%	—	04%	02%
Isto é Brasil	18%	01%	02%	01%	—
História do Cinema	19%	—	02%	05%	05%
Piccolo Saxo & Co.	18%	—	01%	05%	09%
Átomos	19%	02%	—	—	—
Temperatura	20%	—	—	—	—
Motor Stirling	18%	02%	01%	03%	—
Sem Fronteiras	12%	05%	05%	01%	—
(base = 20 solicitantes) Respostas Múltiplas					

OPINIÃO DOS USUÁRIOS SOBRE OS FILMES DA CAMPANHA
"Contribuição Philips à Educação Popular"
1978

Nome dos Filmes	Esc. Primárias	Esc. Secundárias	Universidades	TV	Cinema
A Linha da Comunicação	08%	17%	03%	04%	01%
Como funciona a TV	07%	16%	03%	05%	—
Como funciona o Rádio	09%	17%	04%	04%	—
Telecomunicações	06%	18%	05%	05%	01%
1 + 1 = 2	12%	11%	03%	05%	—
Luz	04%	15%	05%	03%	—
Luz e Humanidade	03%	16%	07%	03%	—
Isto é Brasil	08%	15%	09%	06%	04%
Sem Fronteiras	02%	14%	09%	11%	03%
História do Cinema	09%	16%	07%	06%	02%
Piccolo Saxo & Co.	14%	15%	03%	10%	01%
Átomos	03%	17%	05%	08%	01%
Temperatura	01%	16%	10%	08%	—
Motor Stirling	01%	13%	17%	03%	01%

2 — Na sua opinião, esse filme deveria ser exibido em:

(base = 20 solicitantes) Respostas Múltiplas

O número de *grupos especiais solicitantes* foi 50
O número de *unidades* solicitantes da Organização Philips foi 9
O número de *entidades* solicitantes foi 26

DIVULGAÇÃO DE FILMES CIENTÍFICOS
1978

FILMES	EXIBIÇÕES	PÚBLICO
Data	20	453
Combustível para o Futuro	03	122
A Junção P e N	04	164
União dos Metais	01	25
Cond. em Cristais Puros	03	157
Diodos de Cristal	07	109
Diodos I	09	82
Diodos II	11	162
Eletrodos Básicos	01	25
Cond. em Cristais P e N	10	293
Magnetismo I	19	423
Magnetismo II	14	367
TOTAL	102	2.382

NÚMERO DE EXIBIÇÕES MENSAIS DE CADA FILME

1978

FILMES	jan.	fev.	mar.	abr.	mai.	jun.	jul.	ago.	set.	out.	nov.	dez.
Telecomunicações	15	02	02	11	03	23	05	23	22	27	17	68
Motor Stirling	14	06	—	12	03	05	08	01	10	17	01	—
Átomos	01	06	08	14	06	12	—	30	06	20	13	19
História do Cinema	02	—	—	11	10	08	13	04	01	20	14	76
Piccolo Saxo & Co.	01	—	04	05	27	—	03	14	10	03	107	75
Como Funciona a Televisão	01	—	03	20	08	26	05	52	27	29	119	82
Como Funciona o Rádio	09	—	10	08	03	20	49	02	19	20	30	20
Luz	06	03	03	08	04	11	—	11	07	13	22	14
Isto é Brasil	—	10	15	—	21	08	25	12	05	29	11	19
Sem Fronteiras	—	03	03	02	—	—	04	—	—	09	12	62
Temperatura	—	06	11	15	03	13	—	27	09	06	05	16
A Linha de Comunicação	—	—	05	08	07	16	03	14	60	29	27	82
Fernando de Noronha	—	—	06	—	02	—	—	01	—	—	—	—
Luz e Humanidade	—	—	02	07	01	04	08	—	02	08	07	08
1 + 1 = 2	—	—	01	03	32	14	02	—	12	102	11	14

Obs.: Somente estão relacionados os filmes educativos.

Dados fornecidos pelo Com. Túlio de Azevedo, Gerente Geral de Imprensa e Relações Públicas da S.A. Philips do Brasil, de 1967 a 1984.

2.4 Vinte Anos de Calendário Pirelli

O Calendário Pirelli vem sendo publicado desde 1964 sobre temas de arte, folclore, história, costumes e outros aspectos brasileiros. Trata-se de importante peça institucional de Relações Públicas, tendo sido implantado por iniciativa do gerente de RP, que havia produzido dois calendários anteriormente. Essa promoção visa traçar o retrato do Brasil, por meio de renomados artistas plásticos e de forma benéfica à imagem da empresa.

A preparação de um calendário demora de oito a nove meses, desde a formulação da idéia original; os contatos com pintores e fotógrafos; a discussão da idéia com a agência de propaganda; com os redatores; composição; impressão e distribuição, que é feita no mês de novembro.

O primeiro Calendário Pirelli, de 1964, foi feito com o tema "Móveis Antigos do Brasil", a partir da coleção de Fernando Millan e constitui a primeira obra, em cores, sobre móveis rústicos e policromados, publicada no Brasil. "Moedas do Brasil" foi o segundo calendário, que incluiu a coleção do Banco Econômico da Bahia e foi também a primeira publicação em cores sobre a matéria. Prosseguindo nos caminhos do passado, fizeram uma incursão no campo militar e produziram "Uniformes Históricos do Exército Brasileiro", em 1966.

O cuidado com a produção do calendário fica patente com a produção de "Angra dos Reis", quando foram escolhidas 1.500 fotos para a última seleção. É gente, é máquina, é tempo, é paciência, é espera que surja o sol, que venha o fim da tarde, que chova, que pare de chover. É uma série de esperas, porque fotografar a natureza é ficar esperando que algo aconteça.

No seu quinto ano, o Calendário Pirelli começava a ser notado, a ser esperado, a ter um lugar na vida brasileira, então entram em cheio no folclore. Em 1968, com o tema "Cinqüenta Anos de Samba" apresentam ilustrações de Djanira, Di Cavalcanti, Aldemir Martins, Silva Costa, Heitor dos Prazeres, Clóvis Graciano com letra e música de "Samba de Minha Terra" de Dorival Caymmi e texto de Lúcio Rangel. Esses quadros pintados por encomenda, para o calendário, foram elogiados pela crítica de arte.

Continuando a nível de interesse popular, em 1969, a "História do Futebol Brasileiro" recorda que esse jogo tinha sido proscrito em 1749, por lei municipal. Foi feito com material puramente fotográfico e teve a colaboração de Thomaz Mazzoni e de material de arquivo de vários jornais e revistas. Com tiragem de 150 mil exemplares, essa divulgação tornou imortal a famosa "bicicleta" de Pelé.

Em 1970, voltam a usar quadros de pintores brasileiros contemporâneos com "Garimpo". O quadro "O Garimpeiro" de Di Cavalcanti feito especialmente para o evento, torna-se famoso. Os apelos da cidade de Salvador, geraram "A Bahia de Jorge Amado", com obras de Jenner Augusto, Di Cavalcanti, Caribé, Fernando Coelho,

95

Gennaro de Carvalho, Willys e Aldemir Martins, que interpretavam frases das obras de Jorge Amado, que fez o prefácio e incluía 19 ilustrações de Floriano Teixeira. Esse calendário de 1971 teve como foto de capa o famoso quadro "Gabriela" de Di Cavalcanti.

Comparando imagens do Brasil do passado e de hoje, "Brasil, quem te viu, quem te vê" é um calendário não muito claro quanto ao tema, feito em 1972, com ilustrações e capa de Floriano Teixeira. Em 1973 e 1974 com "Brasil Império", voltando ao passado e "Brasil Turístico" com cenas contemporâneas, representam a volta à disciplina.

A cozinha típica brasileira teve como mestre-cuca e redator o grande homem da literatura sociológica brasileira, Gilberto Freyre, que em 1975, redigiu o texto para "Pratos Típicos Brasileiros" com fotos de Sérgio Jorge e arranjos de Olga Krell, mostrando toda a cozinha brasileira, de norte a sul. Foi um tema bem recebido, confirmado pela qualidade das fotos e pela celeuma que causou a liderança culinária do sociólogo.

Comemorando o cinqüentenário de Di Cavalcanti, foi impresso, em 1976, "50 Anos de Pintura de Emiliano Di Cavalcanti", com texto de Dinah Coelho e legendas de Jorge Amado. Paralelamente foi feito um álbum com reproduções de suas pinturas, distribuído como peça institucional da companhia.

Gilberto Freyre, após investir pela culinária, em 1977, faz incursões pela tradicional "Cachaça", tema do calendário, enfocando as batidas de frutas tropicais: o drinque genuinamente brasileiro. Com fotos de Sérgio Jorge, produção e coordenação de Olga Krell, apresenta a batida e a ascensão social da cachaça. O calendário foi acompanhado de um folheto com texto de Gilberto Freyre incluindo mais de cem receitas de batidas, tira-gostos e salgadinhos.

Valorizando o artista popular, como fonte e centro criador puro, aparece em 1978, "Artesanato", com texto de Janete Ferreira da Costa, que considera a arte popular brasileira subdividida em devocional, recreativa e utilitária. Sérgio Jorge fotografou o artesanato de acordo com essa classificação.

O calendário "Danças Folclóricas Brasileiras", de 1979, com temas de cultura informal e espontânea, a partir de fotos fornecidas pela Escola de Folclore de São Paulo, foge aos padrões artísticos tradicionais. O texto de Rossini Tavares de Lima e Julieta de Andrade enfoca danças folclóricas, suas coreografias e indumentárias.

Continuando na linha folclórica, para o calendário de 1980, "Circo no Brasil" a intenção era de retratar o circo de antigamente com quadros de artistas brasileiros. Decidiram-se porém por fotos, apresentando o circo moderno repleto de movimentos e luzes, com texto de Carlos Drummond de Andrade, que descreve as peripécias circenses como quem faz poesia.

Em 1981, o calendário apresenta uma retrospectiva da vida e obra de Alfredo Volpi, utilizando fotos familiares, com texto muito bem estruturado de Olívio Tavares de Araújo. Além das cópias dos quadros, foram distribuídas três reproduções e uma gravura assinada pelo "mais ilustre pintor vivo do Brasil", dando destaque ao seu colorido pessoal, sua técnica de têmpera a ovo e suas pesquisas cromáticas.

Os calendários, com uma tiragem de 60 mil exemplares, eram distribuídos para 5 mil bibliotecas e universidades, consulados e embaixadas e são enviados para o exterior. A realização dos calendários tem sido feita pela equipe da Publitec Agência Publicitária.

O calendário promove a arte, prestando um serviço comunitário de bom gosto e sua presença nos lares e nos escritórios, com seus temas que denotam um vínculo entre o momento político e a moda, incide diretamente sobre a opinião pública.

Dados fornecidos por Siro Poggi, Gerente de Relações Públicas da
Pirelli S.A. Companhia Industrial Brasileira.

3. RELAÇÕES PÚBLICAS EM APOIO A MARKETING — LANÇAMENTO DE PRODUTOS

3.1. SBP — Campanha de RP de Apoio a Lançamento de Produto

Lançamento de um inseticida doméstico em aerossol, o SBP, por uma tradicional empresa fabricante de alimentos, a Refinações de Milho Brasil Ltda.

O lançamento foi iniciado em São Paulo e no Rio de Janeiro, em outubro de 1974 e, seguindo o mesmo esquema, foi feito o lançamento em outras capitais, sendo as últimas Brasília e Belo Horizonte, em dezembro de 1978 e Recife e Fortaleza, em janeiro de 1979.

Objetivos do Trabalho

1. Informar a opinião pública sobre o lançamento do novo produto.
2. Destacar as principais características favoráveis do inseticida SBP: a ausência do DDVP e sua substituição pela piretrina sintética sendo, portanto, muito menos tóxico para os seres humanos; e a substituição do querosene pela água, sem perigo, pois, de incêndio e sem gordura para manchar tecidos.

Trabalho Realizado

Divulgação jornalística mediante:
1. Noticiário prévio: *press-releases* anunciando o próximo lançamento.
2. Entrevistas de dirigentes da empresa, gerente de *marketing* e gerente de produto antes do lançamento.
3. Entrevista coletiva nos principais mercados: São Paulo, Rio de Janeiro, Curitiba, Florianópolis e Porto Alegre.
4. Distribuição de *press kits* contendo:

— notícia do lançamento;

— entrevista com um famoso toxicólogo, a quem fora encomendado um estudo sobre a toxicidade do produto;

— notícia sobre o mercado norte-americano, onde o DDVP, em que se baseavam todos os inseticidas domésticos brasileiros da época, nem sequer é mais utilizado hoje, devido à sua elevada toxicidade;

— notícia sobre as características principais do produto, sua composição química e as conseqüentes vantagens do produto.

Trabalho Junto ao Público Interno — Vendedores

Também junto aos vendedores da própria empresa foi feito um trabalho de RP visando divulgar as qualidades do produto e convencê-los quanto às suas qualidades revolucionárias.

Este público era fundamental, pois eram eles os homens que iriam vender o produto. Neste trabalho, além de preleções pessoais, foi exibido um audiovisual resumindo os principais pontos importantes divulgados para a imprensa.

Trabalho Junto aos Revendedores de Supermercados

Para informar os gerentes e diretores de supermercados, que seriam os principais revendedores do novo inseticida, foi realizado um coquetel--almoço, durante o qual foi distribuído material informativo.

Resultados

Os objetivos visados pelo trabalho foram inteiramente alcançados, com intensa divulgação jornalística do novo produto. Essa divulgação não visava substituir o esforço publicitário, mas sim complementá-lo, tendo em vista que a propaganda atinge apenas as consumidoras potenciais do produto, enquanto o que se desejava do trabalho de RP era a informação e a sensibilização favorável da opinião pública e não apenas das consumidoras.

> Dados fornecidos por Nemércio Nogueira responsável pela área de relações públicas da Salles/Inter-Americana de Publicidade S.A., de 1969 a 1980.

3.2. Lançamento do Champanha M. Chandon no Brasil

O trabalho de relações públicas como apoio ao lançamento do produto foi feito através de divulgação jornalística. Toda a divulgação foi feita por meio de *press-releases*, sem nenhum anúncio, ou matéria paga, entre 21/04/77 e 11/09/77.

Pré-lançamento

Na fase de pré-lançamento, foram divulgadas matérias chamando a atenção sobre a qualidade do produto que iria utilizar para sua elaboração o *know-how* da Maison Moët & Chandon, a mais tradicional e reputada produ. :a de champanha, desde 1743, na França.

Para alimentar os *releases*, foram divulgados os fatores essenciais para a produção do champanha, como o

— *encepagement* — rigorosa seleção de cepas nobres, a partir de mudas importadas da França;

— nova tecnologia de plantação e cultura da uva;

— colheitas feitas com cuidados delicados e seu transporte, dos vinhedos à adega, efetuado em cestos pequenos, especialmente fabricados para esse fim;

— fermentação dos mostos: após prensagem lenta e constantemente controlada, os mostos são fermentados em cisternas ultramodernas, que permitem cuidar de todo o processo de evolução com o mais absoluto rigor;

— a *cuvée* — onde reside a arte e os segredos da Moët & Chandon, que consiste em associar vinhos de diferentes variedades e de diferentes anos, num equilíbrio perfeito, para se obter uma *cuvée* harmoniosa.

Todo esse processo é coroado pela "champanhização", efetuada por meio de um equipamento altamente sofisticado.

Foi anunciado que seria a Provifin-Produtora de Vinhos Finos que iria lançar o M. Chandon, no Brasil. E que iria empregar, na sua produção, uvas superiores de castas européias e a melhor uva branca produzida na região do Rio Grande do Sul, cultivadas nos 60 hectares da Provifin, em Garibaldi (RS).

Foram divulgados detalhes sobre a fábrica, incluindo a cave, composta por adega, champanhização, engarrafamento e expedição. Tudo sob a supervisão de técnicos da Maison Moët & Chandon.

As notas para imprensa compunham a história do champanha, na França, diretamente ligada a Dom Pérignon, que descobriu o método de "champanhização" usado até hoje e à Abadia D'Hautvillers, de propriedade da Maison Moët & Chandon. Essa antiga abadia beneditina localiza-se entre as colinas de Reims e o vale do Rio Marne, região de solo calcário com a característica de conservar o calor durante toda a noite, condição incomparável para o cultivo da uva.

Outras notas explicavam como conservar e como beber o champanhe. Foi comparado com o "néctar dos deuses", devido à efervescência sem fim das "pérolas transparentes", ou deliciosas bolhinhas. Outra denominação histórica utilizada foi a de "vinho diabólico", devido ao salto da rolha. (Durante a fermentação adquire a efervescência através do desprendimento do dióxido de carbono, que faz saltar a rolha.)

Foi usado o pensamento de Voltaire: "O champanhe tem o poder de acender as luzes mais brilhantes do espírito e estimular os impulsos mais generosos do coração humano..."

O champanhe é o vinho civilizado por excelência. Assumiu uma função social em nossa civilização, como símbolo de felicidade e euforia. Nada pode transformar tão rapidamente o trivial, num grande acontecimento, como uma garrafa de champanhe.

Lançamento

A fábrica Provifin-Produtora de Vinhos Finos de Garibaldi (RS) foi inaugurada no dia 26/07/77, com a presença do Ministro do Trabalho, Arnaldo Prieto e dos condes Chandon de Briailles, Ghislain de Vogué e Alberto Marone Cinzano — encarregado da distribuição — acompanhados de uma caravana de jornalistas de São Paulo e do Rio de Janeiro.

As notas para imprensa continham dados sobre a inauguração, com fotos da fábrica, das plantações, dos condes e dos convidados. Foram divulgadas as biografias do presidente e dos principais diretores da sociedade *holding* detentora do capital de 5 empresas: Champagne Moët & Chandon; Champagne Mercier; Parfuns Christian Dior; Ruinart e Cognac Hennessy. Outros dados sobre a Maison Moët & Chandon que retém hoje 27% das exportações francesas de champanhe, atingindo 150 países. Sua produção em 1976 foi de 14 milhões de garrafas anuais, das quais 8 milhões foram exportadas.

O programa social para o lançamento do champanhe foi feito por meio de cinco grandes eventos, com a participação dos mais significativos representantes da sociedade. Em São Paulo foi realizado no Hippopotamus, no dia 27/7; no Rio de Janeiro, no Regine's, no dia 01/8; em Brasília, no Hotel Nacional, no dia 03/8; em Salvador, no Hippopotamus, no dia 04/8 e em Belo Horizonte, no Café Society, no dia 9/8, o encerramento.

Os *releases* foram transformados em matérias jornalísticas, em reportagens, ou em simples notinhas e o programa social foi amplamente documentado com fotos do *beautiful people*.

Os jornais que publicaram foram:
de São Paulo — *Folha de São Paulo, Folha da Tarde, O Estado de São Paulo, Jornal da Tarde, Gazeta, Gazeta Esportiva, Ultima Hora, Diário de São Paulo, Diário da Noite, Diário Popular, Diário do Comércio, Shopping News, Metrô News, Jornal A* e *Aqui São Paulo*;
do Rio de Janeiro — *Jornal do Brasil, O Globo, Jornal do Commercio, Ultima Hora* e *Tribuna da Imprensa*.
As revistas que publicaram as matérias foram: *Veja, IstoÉ, Exame, Status, Indústria e Desenvolvimento, Comunicação e Relações Públicas, Banas, Fatos & Fotos, Fatos & Fotos Gente, Superhiper* e *Lui*.
Houve publicações nos jornais das seguintes cidades:
RS: Porto Alegre, Caxias do Sul, Bento Gonçalves,
SC: Blumenau, Florianópolis,
PR: Curitiba, Cascavel, Londrina, Maringá,

ES: Vitória,
GO e DF: Brasília, Goiânia,
SP: São Bernardo do Campo, Santo André, Campinas, Bauru, Santos, Piracicaba, Garça, Lins, Ribeirão Preto, Rio Claro,
RJ: Campos,
MT: Campo Grande; MG: Belo Horizonte; PB: Campinas Grande, João Pessoa; PE: Recife; SE: Aracaju; PA: Belém; AM: Manaus; AL: Maceió; CE: Fortaleza e BA: Salvador.

Como era pequena a produção, no momento do lançamento, não se podendo atender a demanda em termos nacionais, foi evitada a campanha publicitária com apelo direto de compra.

Para a venda do produto foi usado um apelo indireto, por sugestão testemunhal, por imitação, por identificação com as pessoas de projeção, por *status*. Daí o lançamento social do produto com pessoas representativas.

> Dados fornecidos por Nemércio Nogueira responsável pela área de relações públicas da Salles/Inter-Americana de Publicidade S.A., de 1969 a 1980.

RELAÇÕES PÚBLICAS EM APOIO A MARKETING — RECUPERAÇÃO DE IMAGEM DE PRODUTOS

3.3. CORCEL — Campanha de RP para Sanar Queda de Vendas

Em 1970, o Corcel, que havia sido lançado em 1968 com grande sucesso, começava a enfrentar séria queda nas vendas, porque a sua imagem junto à opinião pública era cada vez pior. Os próprios funcionários da Ford eram os primeiros a criticar o produto.

O maior problema era a suspensão dianteira, que provocava muitos defeitos e exigia muita oficina.

Como as vendas baixassem a nível crítico, a Ford Brasil resolveu agir e, em fins de 1970, tomou as seguintes providências:

1. Recolher todos os veículos do mercado e trocar gratuitamente a suspensão dianteira de todos, com grande investimento.
2. Lançar o Corcel 71, com as melhorias já incorporadas ao veículo, tendo feito inúmeras modificações pequenas e grandes, em todo o sistema do carro.
3. Realizar um intenso trabalho de RP para:
   a) comunicar à opinião pública as mudanças feitas no Corcel 71;
   b) divulgar o trabalho gratuito realizado nos modelos anteriores, a fim de dar maior credibilidade ao produto, demonstrando que a fábrica realmente respondia por ele;
   c) demonstrar e explicar as mudanças feitas e suas vantagens a:
      — funcionários da própria empresa e aos revendedores, imprensa, consumidores e opinião pública em geral.

O trabalho se desenvolveu mediante:

1. Exposição de todas as peças antigas e novas, com etiquetas explicativas, no saguão da fábrica. Havia engenheiros-monitores da própria empresa que explicavam os detalhes das modificações feitas aos grupos de revendedores, funcionários, jornalistas e imprensa.
2. Entrevista coletiva a jornalistas, com *test-drive*.
3. Intenso trabalho de informação à imprensa.
4. Cinco convenções regionais de revendedores, encerrando com jantar-*show* reunindo funcionários da empresa e revendedores, com suas esposas.
5. Folhetos e outros materiais informativos impressos.
6. Audiovisual detalhando as modificações feitas no produto e suas vantagens para o consumidor, apresentado a funcionários da fábrica e revendedores e suas esposas, bem como à imprensa especializada.
7. *Shows* automobilísticos em Interlagos e no autódromo do Rio, para demonstrar a resistência do produto:
   — corrida de vários Corcel 71, *standard*, dirigidos por pilotos brasileiros famosos de corrida de 1.ª bateria;
   — *show* "Tournament of Thrills", dos Estados Unidos, com *stock-cars* e demonstrações com veículos Corcel e outros da linha Ford (Aero-Willys, Pick-up F-100, etc.);
   — 2.ª bateria da corrida de Ford Corcel.

Depois desse trabalho de Relações Públicas, que se prolongou por cerca de dois meses, teve início a campanha de publicidade do produto, que utilizou inclusive filmagens do espetáculo de Interlagos para o comercial de TV.

Resultado

As vendas começaram a subir, imediatamente, com excelentes resultados para a imagem da empresa e do produto, junto à opinião pública.

> Dados fornecidos por Nemércio Nogueira responsável pela área de relações públicas da Salles/Inter-Americana de Publicidade S.A., de 1969 a 1980.

3.4. KADRON — Mudança de Imagem e Queda de Vendas

Em 1978, a Kadron Engenharia, Ind. e Com. S.A. fabricante de aproximadamente 160 itens, entre eles: sistemas de escapamento, duplas carburações, colunas de direção, gargalos para tanques de gasolina, água e óleo, componentes para suspensão e barras de mudança — vê caírem suas vendas de sistemas de escapamento.

Seus sistemas de escapamento eram conhecidos como esportivos, considerados muito ruidosos e adequados a carro-esporte e a público jovem, apesar de nenhum produto da empresa atingir o limite de ruído aceito pelas normas internacionais.

A fim de sanar o problema, contrataram uma assessoria externa de RP para trabalhar junto à agência de publicidade e nortear sob novo enfoque seu trabalho, ao mesmo tempo em que iria realizar paralelamente, um programa de relações públicas.

Trabalho preparatório da Consultoria de RP — Diagnóstico

— Levantamento geral da imprensa sobre problemas de fiscalização e policiamento abordado por vários jornais em suas editorias econômicas.
— Reunião com o corpo de vendedores da Kadron, o que permitiu localizar o problema na área geográfica do Estado de São Paulo, e traçar um perfil do consumidor de escapamentos Kadron.
— Análise do momento econômico do país, quando o apelo ao "mercado jovem" deixa de ser significativo, entrando num período de "crise", sendo o apelo mais adequado o de ataque ao luxo e ao supérfluo.
— Análise do envolvimento do Contran e do Detran, com relação à poluição sonora.
— Estudo quanto às montadoras, que se manifestaram contrárias à tendência à verticalização, público esse com grandes interesses comerciais e com influência junto às lideranças do país.

Estratégia

Trabalho junto à imprensa, em termos de informação, além do trabalho preventivo, mencionando especificamente o nome Kadron.

Desenvolver um trabalho específico junto aos revendedores: atacadistas e lojistas, munindo-os de farto material informativo, utilizando-os como elementos retransmissores das mensagens preferenciais da Kadron.

Prazo

Foi escolhido o prazo de 50 dias (10/5 a 30/6) para o desenvolvimento da campanha.

Levantamento dos públicos

Os públicos que deveriam ser trabalhados foram: corpo de vendas da Kadron; revendedores; governo: Detran, Contran, Ciretran, autoridades de trânsito, ministérios; imprensa; empresários do setor; associações de classe: Sindipeças e outras; e consumidor.

Região geográfica

Foi determinado o Estado de São Paulo, incluindo a capital e as cidades com mais de 50 mil habitantes.

Objetivos

Prevenir e minimizar efeitos negativos que pudessem atingir a Kadron, em função da onda controversa ou mesmo de ataque, contra todo o setor de acessórios e, mais especificamente, escapamentos.

Dar início ao processo de implantação de uma nova imagem e novo conceito para a empresa e seus produtos.

Recomendações

As recomendações da consultoria foram:

— Abandonar a especificação de "esportivo" para qualificar uma linha de produtos, passando a ser denominada Original e Opcional.
— Abandonar os apelos promocionais ligados à temática "juventude", "esportividade", "veneno".
— Ativar as providências necessárias para inaugurar o Campo de Provas Kadron, entre julho e agosto de 1978.
— Implantar esquema de motivação permanente e treinamento para o corpo de vendas da Kadron visando sua conscientização quanto à sua responsabilidade *pessoal* como elemento de formação da imagem do produto.
— Dar início aos estudos para implantação de programa de motivação e de promoção junto a balconistas, fazendo destes os transmissores da imagem do produto.
— Usufruir da situação de fornecedores de montadoras para criar reforço à *credibilidade* do produto — tanto original quanto opcional — aproximando-se destas com tato, diplomacia e prudência, maximizando os benefícios que possam ser usufruídos através de suas atitudes.

Atividades

1. Elaboração do "dossiê Kadron" para ser entregue:
   — ao corpo de vendas da Kadron com instruções específicas quanto ao seu uso;
   — aos revendedores, pelos vendedores da empresa, a nível de contato;
   — aos órgãos governamentais: Detran e Contran para obtenção do posicionamento do órgão, com referência aos escapamentos Kadron;
   — a elementos de liderança no setor de acessórios;
   — ao presidente da Sindipeças para utilizar as mesmas mensagens da Kadron, quando solicitado a pronunciar-se sobre escapamentos;
   — aos jornalistas, junto a uma mala-direta, numa primeira abordagem, motivando seu apoio.
2. Elaboração e envio de matérias técnicas sobre escapamentos para jornalistas da capital com *press-kit.*

3. Entrevistas com elementos da Kadron para veículos de cidades--chave do interior do Estado de São Paulo.
4. Participação de elementos da Kadron, em reuniões de associações de classe, de interesse direto e indireto da empresa.
5. Criação e execução da Campanha Institucional Educativa — de propaganda, em colaboração com a Agência de Propaganda.
6. Estudo e preparação do Atestado de Segurança Kadron (com recomendações quanto ao uso do produto) para distribuição dentro da embalagem do produto.
7. Estudo e preparação do folheto "Isto é Kadron" para distribuição ao consumidor.
8. Estudo e preparação para colocação de *display* em lojas.

Dossiê Kadron

O Dossiê Kadron, de aparência sóbria, com o título "A Poluição Sonora Causada por Veículos Automotores" foi elaborado com o seguinte material:
— dados sobre o dimensionamento Kadron;
— objetivos do trabalho; contendo os seguintes capítulos:

- A problemática.
- A função do sistema de escapamentos, tanto sistemas originais como sistemas opcionais.
- Controle de qualidade quanto a nível sonoro.
- Sugestões para a solução do problema.
- Legislação: Projeto de Lei n.º 1867-A de 1976 e Decreto-Lei n.º 1413 de 14/8/75, que dispõem sobre o controle da poluição do meio ambiente provocada por atividades industriais.
- Posicionamento Kadron.
- Anexos: sobre diversas resoluções federais e estaduais.

Campanha Publicitária

Paralelamente à Campanha de Relações Públicas, foi feita uma campanha publicitária, durante três meses, incluindo inserções em jornais e irradiação de comerciais na capital e em cidades do interior.

As inserções foram feitas em junho, julho e agosto, sendo 24 em *O Estado de São Paulo*, representando 40% da verba da campanha publicitária; 24 na *Folha de São Paulo*, representando 31% da verba e 12 no *Diário do Grande ABC*, com 6% da verba.

Para as irradiações foram escolhidas as cidades de Amparo, Araçatuba, Araraquara, Bauru, Campinas, Marília, Pres. Prudente, Piracicaba, Ribeirão Preto, São José dos Campos, São José do Rio Preto, Sorocaba, Limeira, Rio Claro e Barretos, sendo cinco comerciais de 2.ª a 6.ª-feira, num total de 130 por mês, durante os meses de julho, agosto e setembro, atingindo 23% da verba.

Avaliação

Desde o primeiro mês, a consultoria acompanhou e avaliou o comportamento da imprensa e o teor do noticiário divulgado pelos jornais, revistas e rádio. O acompanhamento demonstra claramente o resultado positivo, das matérias publicadas sobre equipamento sonoro realmente poluidor e equipamento dentro das normas internacionais; o que há por trás da guerra contra acessórios; leis que regulam o uso de equipamentos em automóveis; sugestões de fabricantes encaminhadas ao Contran; dono de posto não é fiscal; e segurança dos veículos. A mesma mudança de atitude foi notada junto às autoridades.

Para finalizar, as vendas no mês de setembro já haviam atingido e superado os níveis previstos no orçamento do ano.

Dados fornecidos por Vera Giangrandi, diretora da Inform-Consultoria de Relações Públicas SC Ltda.

3.5. SÃO PAULO ALPARGATAS — Implantação de um Núcleo de Eventos Especiais como Estratégia de Comunicação

Entende-se por evento especial todo o acontecimento (*happening*) no campo musical, esportivo e cultural que tenha poder de atração junto a um segmento específico da população e que possa ser utilizado vantajosamente por determinada marca para reforçar o seu conceito e complementar esforços de comunicação, seja propaganda, relações públicas ou promoção.

O Núcleo de Eventos Especiais foi criado em janeiro de 1980, pela J. W. Thompson Publicidade Ltda., para atender prioritariamente a uma das marcas da São Paulo Alpargatas S.A., ou seja, a "US Top Jeans Camisas e Calçados".

No início, houve a preocupação de relacionar as informações recebidas da agência, em estruturar as diversas operações, em aprender a burocracia interna e externa, em conhecer os seus produtos e seus mercados, agilizando o relacionamento Núcleo de Eventos Especiais/ Agência/Cliente/Terceiros.

Tendo em vista as atividades de características bastante diferenciadas das funções normais de uma agência e de um departamento de promoção de uma empresa como a São Paulo Alpargatas, os Eventos Especiais geraram a formação de um Núcleo composto por dois profissionais de larga experiência nesse campo. Ficaram eles operacionalmente desvinculados do grupo de atendimento da Agência e do Departamento de Promoção da São Paulo Alpargatas, porém complementando com seu trabalho o plano mercadológico da marca.

O trabalho do Núcleo de Eventos Especiais, em sua estrutura, deve ser considerado, do ponto de vista estratégico, como um recurso permanente, constantemente acompanhando tendências, atividades, predisposições e mantendo permanente relato das decisões do dia-a-dia, através de relatórios, propostas e avaliações.

Quanto aos *benefícios* da implantação do Núcleo de Eventos Especiais pode-se destacar:

— a complementação de esforços publicitários e promocionais da marca;

— a valorização da imagem do produto (objetivando o *up-grading* do mesmo);

— neutralização de ações de concorrentes;

— reforço da credibilidade da propaganda e da promoção através da ação;

— torna-se propício o lançamento de novas marcas e submarcas;

— a demonstração de sua validade como canal de RP entre empresa, seus produtos e seus públicos.

Houve certa preocupação de se tornar o "agente catalisador" de idéias jovens, principalmente considerando-se a São Paulo Alpargatas e seus produtos como uma líder de mercado, sendo que muitos projetos mereceram um tratamento mais adequado para receber o patrocínio de uma das marcas da empresa.

O espírito inovador para "US Top Jeans, Camisas e Calçados" foi a linha mestra no "carimbo" desta marca, complementado pela veiculação dos três comerciais "Ginga Brasil Ginga".

Maior peso de eventos, tanto esportivos como musicais, coube ao eixo São Paulo-Rio, mas a empresa também marcou sua presença em Minas Gerais, Bahia, Brasília, Goiás e Rio Grande do Sul. Os eventos em que estiveram presentes foram: Fórmula Honda-US Top; equipe US Top de moto velocidade; Waimea; Campeonatos Paulista e Brasileiro de Surf; equipe US Top de Surf; conjunto "Cor do Som" em Salvador, BA, em Ubatuba, Ibirapuera e Mackenzie, SP e Aterro do Flamengo e Arpoador, RJ; Torneio US Top de Prancha a Vela e de Laser; Derby US Top de hipismo; Gilberto Gil e Jim Cliff em *tournée* nacional; Rio Jazz Monterrey Festival; Moraes Moreira no Arpoador e no Teatro Planetário; abertura do Carnaval em Salvador em 1981; patrocínio do barco oceânico "Indigo" na regata Buenos Aires-Rio; participação no moto-passeio ao SESC; *show* do conjunto 14 BIS; colaboração nas olimpíadas esportivas dos cursinhos Anglo e Objetivo de S. Paulo; *windsurf* sobre ondas ALLCOLOR. Foi feito também *merchandising* na novela "Água Viva". Todos os eventos oficializados envolveram os produtos esportivos Topper.

Procuraram, de maneira geral, atender com prioridade às expectativas e necessidades apresentadas pelos gerentes de *marketing* e pelo departamento de promoções. Algumas vezes o Núcleo de Eventos Especiais participou de reuniões com o pessoal "de campo", isto é, gerentes regionais e seus vendedores.

Fatos demonstraram que o efeito residual, baixo custo — se comparado com a mídia comercial — e a possibilidade de atender objetivos específicos, justificam a implantação de um Núcleo de Eventos Especiais como uma das estratégias de comunicação para uma empresa.

A validade foi comprovada pelos excelentes resultados no relacionamento com o público alvo, *target* ideal, comunidades e praças carentes, sensibilizando líderes, imprensa, opinião pública, autoridades, fornecedores e acima de tudo *consumidores*. Isto tudo em bases planejadas, profissionais, permanentes e sólidas.

> Dados fornecidos por Sibylle Buckup responsável pela área de eventos especiais de J. W. Thompson Publicidade Ltda., de 1981 a 1982.

4. RELAÇÕES PÚBLICAS INSTITUCIONAIS DE PRODUTOS

4.1. 100 Anos da Kodak no Mundo

O trabalho desenvolvido para a Kodak, pela LVB&A Comunicação, recebeu o prêmio Opinião Pública, em 1980, na categoria Projetos Institucionais — Iniciativa Privada para associações e entidades.

O prêmio Opinião Pública, instituído pelo CONRERP-SP, em 1979, a nível nacional, visa distinguir e homenagear os melhores trabalhos de Relações Públicas desenvolvidos por profissionais do setor.

Objetivos da Campanha

O objetivo fundamental do programa era demonstrar que a fotografia é muito mais que um simples divertimento e que está ligada a todas as atividades humanas, sendo fundamental para o exercício das mais variadas profissões. E, principalmente, mostrar que a Kodak participa diretamente desse desenvolvimento, superando assim o conceito amplamente difundido de encarar a fotografia ligada ao passatempo, lazer e amadorismo.

A campanha visava apresentar a Kodak, empresa com um século de existência, que conseguiu transformar uma arte cara, difícil e sofisticada numa forma popular de expressão e lazer. E enfatizar o trabalho de industrialização da fotografia, em quase todas as atividades humanas, como na medicina, na pesquisa, na agronomia e na geologia.

Visava mostrar que a multiplicidade de aplicações da fotografia é fundamental para o exercício das mais variadas profissões e que a Kodak concorre diretamente para isso.

A campanha, além de atingir a opinião pública deveria atingir elementos com poder de decisão, em vários setores tecnológicos, que poderiam aquilatar a importância da fotografia, agindo como públicos multiplicadores.

Estratégia

A Campanha foi efetuada em duas partes:

1. Seminário: "O Outro Lado da Fotografia". Foi realizado um seminário fechado para atingir um público multiplicador. O Seminário foi voltado diretamente para o público especializado, onde seria debatida, em profundidade, a utilização da fotografia, em sete áreas específicas, a saber: ensino, radiografia industrial, medicina, micrográfica, sensoriamento remoto e o Projeto Radam.
   — Divulgação do programa do Seminário em periódico de grande circulação.
   — Posteriormente foram amealhadas todas as informações discutidas durante o Seminário e enfeixadas sob a forma de um tablóide, oportunamente distribuído entre um seleto *mailing* de empresários, técnicos e autoridades. Essa publicação continha um resumo completo de todas as teorias e experiências debatidas.
2. Campanha Institucional: destinada ao grande público, explicando a presença da Kodak em áreas técnicas, atingindo diretamente e com rapidez a opinião pública, utilizando veículos de características horizontais.

Execução

Após utilizar a ação dos públicos multiplicadores durante cerca de seis meses, para daí então veicular a campanha institucional.

FASE 1

Seminário: Foi escolhido o período de 2 a 6 de outubro de 1978 para a realização do Seminário.
— Foram selecionados os 28 conferencistas que iriam discorrer sobre as sete especialidades já mencionadas.
— Foi concedida uma entrevista prévia à rádio Jovem Pan, em 27/9.
— Foi feita a preparação e impressão do Programa.
— Idem da ficha de inscrição.
— Foi levantada a listagem de convidados, incluindo autoridades federais, estaduais e municipais, associações de classe, clientes da Kodak, convidados dos conferencistas, faculdades da Capital, Centros Acadêmicos das Faculdades da Capital e jornalistas dos principais periódicos da Capital.
— Inserção de quatro anúncios que reproduziam o programa do Seminário, nas duas semanas anteriores ao evento (12/9, 19/9, 26/9 e 28/9) e cinco rodapés promovendo, no dia anterior, o assunto a ser debatido no dia seguinte, veiculados nos dias 30/9, 2/10, 3/10, 4/10 e 5/10.
— A cobertura completa do Seminário foi feita pela *Gazeta Mercantil*, a partir da qual foi editado um tablóide contendo o resumo de

cada conferência. Este material foi distribuído àquele mesmo *mailing* que recebera os convites.

O Seminário "O Outro Lado da Fotografia" contou com a presença de 576 participantes.

FASE 2

Campanha Institucional: A partir da utilização do *slogan* "Fotografia, ferramenta indispensável", foram apresentadas em anúncios situações em que, ao mesmo tempo em que era levantada a hipótese da inexistência de fotografia no mundo, era explicado ao leitor o quanto esta contribuía para o progresso do homem.

A criação dos três anúncios institucionais foi feita pela agência de publicidade J. Walter Thompson, sob a orientação da LVB&A Comunicação.

— O 1.º anúncio, "Sem fotografia qualquer um pode ser você", apresentava uma carteira de identidade *sem* fotografia, para chocar pelo inusitado, com texto ressaltando a necessidade da fotografia.

— O 2.º anúncio, "A Fotografia garante hoje a colheita de amanhã" com foto de grande área agrícola cultivada e com texto ressaltando numa abordagem direta, a participação da fotografia na busca por melhores safras e na prevenção de pragas e adversidades naturais.

— O 3.º anúncio, "A Fotografia ajuda a formar o homem de amanhã", mostra a utilização da fotografia no ensino. Seu texto, "Tente fazer o retrato falado de um elefante para uma criança que nunca viu um" — leva a uma série de considerações sobre o volume de conhecimento humano adquirido através dos tempos, e demonstra a necessidade da fotografia para a universalização da cultura e do conhecimento.

Os três anúncios foram veiculados, alternadamente, em publicações de caráter horizontal: *Veja, IstoÉ* e *Exame,* além de atuarem como reforço, após o Seminário, por meio de inserções na *Gazeta Mercantil,* durante os meses de maio, junho e julho de 1979.

Dados fornecidos por Valentim Lorenzetti,
diretor da LVB&A Comunicação.

Notas

1) Delorenzo Neto, Antonio, "Da Pesquisa nas Ciências Sociais". In: Separata da Revista *Ciências Econômicas e Sociais.* Osasco, 1970, Vol. 5, n.º I e II, pp. 2-66.

2) Neste tópico, foram adotados os esclarecimentos do texto de Paul de Bruyne; J. Herman e M. de Schontheete, *Dinâmica da pesquisa em ciências sociais.* Trad. Ruth Joffily, Rio de Janeiro, Francisco Alves, 1977, Cap. 8, pp. 224 e seg.

CAPÍTULO VII

Análise de Departamentos de Relações Públicas de Empresas

1. NOTA INTRODUTÓRIA

O presente capítulo tem por objetivo verificar como vem sendo desenvolvida e como está estruturada a área de relações públicas em empresas. Como quadro referencial, as empresas foram contatadas obedecendo a critérios lógicos do universo restrito, isto é, numa primeira abordagem, para saber se possuíam Departamento de Relações Públicas e se estavam interessadas em participar da amostragem. Essas empresas não foram sorteadas aleatoriamente, mas escolhidas, de acordo com os seguintes critérios: desenvolverem atividades de relações públicas; serem de grande porte; de diferentes setores econômicos e de diferentes controles acionários, quanto à nacionalidade.

A preocupação maior deste estudo foi levar em conta vários fatores que, associados, apresentam características "em bloco" e que nos habilitam a alcançar interpretações bem fundadas e significativas. A apresentação "em bloco" é o fato central da análise de levantamento de dados[1]. Conseguida uma amostra adequada e estabelecido um plano de pesquisa, o analista terá condições de propor respostas corretas para suas indagações — obtendo resultados descritivos.

Ressalta-se, neste caso, que as empresas não apresentam a mesma seqüência de itens, pois a ênfase dada a cada aspecto e a cada atividade de RP corresponde àqueles enfoques que cada uma delas considera prioritários e mais importantes de acordo com suas características.

Por essa razão, a seqüência de dados foi preservada, de propósito, tal como foram apresentadas pelas fontes. Portanto, a descrição dos Departamentos não foi igualizada, em termos de rígidas estruturas de apresentação, deixando os dados mais livres para uma análise comparativa.

A apresentação de cada Departamento é precedida por pequeno histórico da empresa, a fim de melhor situar o leitor. E, no final do capítulo, são apresentados alguns organogramas de Departamentos de Relações Públicas fornecidos por algumas empresas visitadas.

111

A análise dos Departamentos das empresas aqui relacionadas foi elaborada a partir de entrevistas com os titulares dos respectivos Departamentos. As empresas pesquisadas são apresentadas por ordem alfabética de seus nomes principais[2].

2. CATERPILLAR BRASIL S.A.

Histórico

A Caterpillar Brasil S.A. iniciou suas atividades em 1954 e ao completar 25 anos possuía duas fábricas no Estado de São Paulo: uma na capital, em Santo Amaro e outra em Piracicaba.

Em 1960, a fábrica de Santo Amaro, produziu a primeira motoniveladora, com um índice de nacionalização de 55%. Atualmente, estas instalações, que ocupam 77.000 m² de área construída, abrigam os escritórios da administração e áreas de produção, onde são fabricados dois modelos de motores Diesel; transmissões e outros componentes nobres, além de mais de 7.300 itens de peças de reposição. Aí, funcionam também as áreas de Tratamento Térmico e Usinagem.

Em 1973, a Caterpillar adquiriu sua nova unidade industrial, em Piracicaba, que ocupa uma área construída de 71.749 m² e abriga as seções de prensas; soldas; pintura e as linhas de montagem de motoniveladoras, moto-escrêiperes, tratores de esteiras e pás-carregadeiras.

Possuía, em 1979, em ambas as fábricas, cerca de 4.000 empregados. Com uma produção altamente horizontalizada, adquire junto a aproximadamente 350 fornecedores nacionais, peças prontas, forjados e fundidos, equivalente a 68% do total nacionalizado.

Dois princípios fundamentais asseguram à Caterpillar Brasil a liderança do setor: "qualidade do produto" e "integridade do produto", que garantem a uniformidade das especificações técnicas dos modelos, independentemente do local onde sejam fabricados. Esses princípios refletem-se no crescimento contínuo de suas exportações que acusaram, entre 1974-79, uma média anual de 92%.

Os produtos Caterpillar são presença constante nas grandes obras nacionais de construção de estradas de rodagem, ferrovias, aeroportos, hidrelétricas, mineração e preparação de terras para agricultura e reflorestamento.

2.1. Definição, Objetivos e Metas de Relações Públicas

Definição de Relações Públicas na Caterpillar

Relações Públicas constituem o esforço *planejado* visando conquistar a compreensão e informar o público — dentro e fora da companhia — através de:

— uma atuação atenta ao interesse desse público e
— comunicações eficazes de *duas vias.*

(Observa-se que o original americano emprega o termo "public affairs" em lugar de Relações Públicas.)

Objetivos de Relações Públicas da Caterpillar

É objetivo permanente das atividades de Relações Públicas ajudar a companhia a conquistar a compreensão e o apoio de que necessita para conduzir com êxito seus negócios em todo o mundo. Na consecução de tal objetivo, é também responsabilidade do setor de Relações Públicas de cada unidade operacional estabelecer canais de comunicação com empregados e com outros segmentos selecionados do público e utilizar tais canais da maneira mais eficaz possível, com o propósito de gerar atitudes favoráveis às operações, metas, políticas e princípios básicos da companhia.

Metas de Relações Públicas

I — Conseguir uma "impressão" pública sempre melhor e mais real da companhia: "o que somos, o que fazemos, em que acreditamos".

II — Contribuir para o aperfeiçoamento do "clima" de negócios — e da atitude da comunidade — no tocante aos fatores que tornam atraente o início e a expansão de atividades em determinado país, estado ou lugar.

III — Assegurar que sejam conhecidos os benefícios decorrentes das atividades da companhia para as localidades nas quais se encontram suas instalações e conquistar maior confiança e boa vontade do público para com a companhia, suas operações e seu pessoal.

IV — Tornar mais bem conhecido o ponto de vista da companhia sobre legislação e outros assuntos importantes da área governamental.

V — Promover o melhor entendimento dos aspectos econômicos do mundo dos negócios, principalmente o papel do lucro na melhoria das condições de vida dos empregados e do público.

VI — Estimular uma maior participação individual nas atividades de Relações Públicas.

2.2. Departamento de Comunicações

Estrutura

O Departamento de Comunicações da Caterpillar Brasil tem um Gerente Geral, quatro Gerentes de Divisão e uma Assessoria Geral, reunindo um total de 28 pessoas, que trabalham nos escritórios da companhia em São Paulo, Rio de Janeiro e Brasília.

A análise do organograma apresenta a seguinte configuração: O Departamento de Comunicações subordina-se imediatamente à Presidência da companhia, sendo administrado por um de seus diretores.

Suas quatro divisões são:
— Divisão de Projetos
— Divisão Escritório do Rio de Janeiro
— Divisão Escritório de Brasília
— Divisão de Relações Públicas

Além dessas Divisões, o Departamento conta com uma Assessoria da Gerência e com uma assessoria externa de Relações Públicas, a INFORM-Consultoria de Relações Públicas.

Divisão de Projetos

Esta Divisão apresenta uma configuração bastante diferente da que é usual em departamentos de comunicações. Sua atividade situa-se nas áreas de relações governamentais e de relações com públicos internos.

Sua atuação básica interna consiste em pedir, receber, conferir, analisar e coordenar todas as informações que se destinam às áreas governamentais. Relaciona-se com setores tão variados quanto o Planejamento, Engenharia, *Marketing*, Contabilidade, Tesouraria e outros. Faz o *consistency check,* isto é, a verificação da coerência das informações recebidas, conferindo os dados provenientes de vários setores da companhia para entregá-los, afinal, ao Processamento de Dados, outro vital setor com o qual se relaciona.

É tarefa desta Divisão preparar os projetos de nível técnico e econômico para órgãos governamentais, visando a obtenção de incentivos fiscais e outros. É também de sua competência representar a companhia nos Sindicatos como órgãos da classe empresarial, participando de suas Comissões Técnicas bem como de outros organismos do gênero.

Há duas supervisões ligadas à Divisão de Projetos: (a) Análise e Preparação de Projetos, responsável pelo recebimento dos informes técnicos, sua redação e adaptação à linguagem oficial, (b) Programação e Controle de Projetos que estabelece os fluxos internos — prepara e verifica os cronogramas de cada projeto, através de um controle sistemático e permanente de todas as atividades da área. Tem portanto necessidade de pessoal de nível técnico, como engenheiros, economistas, etc.

Divisões Escritórios Rio de Janeiro e Brasília

Como ainda existem organismos governamentais no Rio de Janeiro, a companhia mantém escritório nessa cidade e outro em Brasília, ambos em nível de Divisão. Essas divisões têm uma estrutura simples, adequada ao desempenho de suas funções técnicas e de relações públicas.

Os dois gerentes são os responsáveis por contatos nas áreas governamentais e pelo atendimento de outras solicitações da companhia nas duas capitais; têm uma função intercambiável e mantêm um fluxo constante de comunicação entre si, com a gerência de Divisão de Projetos e com a diretoria de comunicações. A atividade dos dois gerentes pode ser comparada ao papel desempenhado pelos *lobbyists* nos Estados Unidos.

As divisões do Rio e Brasília estão também permanentemente à disposição de toda a companhia, mais precisamente dos Departamentos como Tesouraria, Contabilidade, Divisão Jurídica e Fiscal, que se relacionam com outros Ministérios e organismos oficiais como CACEX e Conselho de Desenvolvimento Industrial. Exercem uma função de *follow-up* para outras áreas com relação às várias providências tomadas ou em andamento nessas duas capitais.

Divisão de Relações Públicas

A Divisão de Relações Públicas é fruto de uma evolução gradual da área de comunicações da companhia, tendo uma estrutura recente e com pessoal admitido nos últimos quatro anos.

Antes de sua constituição formal, muitas atividades de Relações Públicas eram exercidas, com maior ou menor regularidade, por outras áreas da companhia, principalmente pelos Departamentos de Relações Industriais e Vendas, além da assessoria externa.

Paulatinamente o Editor de Publicações Internas começou a compartilhar com o Gerente Geral do Departamento as atividades de relações públicas, coordenando os eventos que envolviam a imagem da companhia.

À medida que se avolumavam tais atividades no Departamento, outros cargos foram criados, sendo estabelecida, em 1978, a estrutura básica do setor com um gerente de Divisão, dois assessores de comunicações — área de imprensa e de relações públicas — além de duas secretárias.

Constituem hoje atividades da Divisão: coordenar e executar os programas em áreas de públicos interno e externo, programas de comunicação com empregados, programas comunitários, visitas, donativos e os programas de contatos com a imprensa e todos os programas de caráter institucional.

Imprensa

O tratamento cordial e o respeito pelos profissionais de imprensa fazem parte da filosofia da Caterpillar no seu relacionamento com jornalistas no mundo todo. A companhia acredita nos ideais democráticos de uma imprensa livre, defende a honestidade e a sinceridade como fundamento de sólidas relações com a imprensa, bem como o respeito pelos limites entre aspectos comerciais e editoriais, jamais tentando influenciar um com o outro.

Por sua filosofia, a companhia mantém a posição de que ela deve ser a primeira fonte de informação sobre si mesma. Com base nessas diretrizes, têm tido cuidado em planejar e programar todos os contatos com a imprensa, fazendo esses contatos a nível profissional, mediante a contratação de uma pessoa *full time* para essa função.

Embora nada tenha a ocultar, a companhia adota uma política própria de divulgação de notícias sobre si mesma e, muitas vezes, onde outras empresas são totalmente abertas, a Caterpillar prefere manter uma atitude discreta, devidamente dosada com a confidencialidade de seus assuntos, mas não se recusa a dialogar e a informar aos jornalistas que a procuram em busca de qualquer informação.

Editoria de Publicações Internas

Publicações Internas constituem parte do programa mais amplo, denominado "Comunicação com Empregados", que faz parte integrante das preocupações da companhia com os seus empregados em todos os níveis.

Esta área responde pela publicação do jornal "Caterpillar em Ação", mensal com tiragem de 3.200 exemplares; pela revista "Caterpillar em Revista", trimestral com tiragem de 4.800 exemplares. Existe ainda um boletim mensal para dirigentes, intitulado "Comentário", além de editar outros textos referentes à comunicação com empregados. O cargo é ocupado por um jornalista profissional.

Assistência da Gerência

Esta função, tipicamente de *staff*, tem como objetivo a coordenação entre as várias Divisões e o Diretor, no que diz respeito a assuntos administrativos internos. É dirigida por uma economista e conta com a colaboração de uma secretária e uma tradutora.

Esta área é responsável por atividades de suporte e infra-estrutura, cabendo-lhe o controle orçamentário, manutenção de banco de dados, coordenação e elaboração de relatórios departamentais, respostas aos questionários recebidos pela empresa, e ainda supervisionar traduções e versões de documentos, bem como dos textos destinados às publicações internas da companhia.

3. DOW QUÍMICA S.A.

Histórico

A Dow Química começou a operar no Brasil, na década de 50, em São Paulo, com pequeno escritório de vendas de produtos químicos importados. Hoje, tem consolidado no país investimentos acima de 500 milhões de dólares e conta com mais de 2.100 funcionários, dos quais 95% são brasileiros e a quase totalidade constituída de mão-de-obra especializada.

Em 1970, a Dow adquiriu uma fábrica de poliestireno e montou a fábrica de resinas epoxi, em São Paulo, fazendo sua primeira exportação e em 1971, inaugurou seu terminal marítimo do Guarujá. Em 1973, ano em que se inicia a construção do Complexo Dow, em Aratu, BA, é inaugurada a fábrica de látex, no Guarujá, SP. Em 1975, iniciam-se as obras de construção do Centro de Pesquisas e Desenvolvimento e do Complexo Industrial Agro-químico, em Franco da Rocha, SP.

É vital para o processo de produção da Dow de Aratu, o salmouroduto de 50 km de extensão, por onde o sal-gema é conduzido diretamente da ilha de Matarandiba até o Complexo Industrial.

Com o início da produção em Aratu, o Terminal do Guarujá passou também a servir de importante ponto intermediário de estocagem para que seus produtos sejam embalados e distribuídos para o sul do país. Para assegurar a qualidade de seus produtos exportados, desenvolve, no Terminal do Guarujá, atividades que vão desde o controle da rotulagem, até as análises cromatográficas e espectrométricas dos produtos.

Devido à sua infra-estrutura de comercialização de grande porte, o grupo Dow atingiu mais de 220 milhões de dólares na venda de produtos, em 1978, com exportações na ordem de 21 milhões de dólares.

3.1. Departamento de Comunicações

O Departamento de Comunicações das empresas do grupo Dow no Brasil existe, de forma estruturada, desde 1973. O Departamento é em nível de *staff* e está diretamente ligado à presidência da empresa. O gerente do Departamento participa do Conselho Diretivo, composto pelos gerentes das várias áreas da empresa no país.

Periodicamente são feitas reuniões com a presidência, quando são apresentados os programas de cada área, incluindo RP e Comunicações cujas atividades são planejadas em apoio a várias unidades da empresa.

A função de comunicações na empresa é desempenhada por um grupo de 15 pessoas no Brasil inteiro, incluindo secretárias e estagiários, atendendo as áreas básicas de comunicações externas e internas, e setores de artes, audiovisual, promoção e publicidade. Estes profissionais estão fisicamente localizados nos escritórios centrais do grupo em São Paulo, e nos complexos industriais de Aratu e Guarujá.

Com flexibilidade e liberdade de atuação em suas respectivas comunidades, os dois representantes de comunicações nos complexos industriais de Aratu e Guarujá atuam também em relacionamento estreito com a Direção Central nos assuntos de interesse comum que dizem respeito às estratégias de comunicação. Quanto ao aspecto organizacional há a difusão e consolidação da prática das várias filosofias para cada área com um ponto comum.

Comunidade

O Departamento de Comunicações desenvolve um programa de atividades junto às comunidades onde existem unidades da Dow e que envolve universidades, prefeituras locais, clubes de serviços, Associação Comercial e entidades representativas. Esse programa inclui recrutamento de pessoal nas Universidades feito pelo Departamento de Recrutamento e de RP.

Periodicamente há liberação de verbas de doações destinadas a beneficiar obras de caridade e filantrópicas e de assistência social, entidades de ensino e incentivo à pesquisa.

Há um programa de visitas aos complexos industriais e em São Paulo, ao Laboratório Lepetit para grupos de estudantes, grupos de entidades governamentais, grupos de áreas médicas e bioquímicas. Excetuando-se Aratu e Guarujá, todas as demais programações são centralizadas no Departamento de São Paulo.

Outra forma de atuação do Departamento de Comunicações junto à comunidade é a edição de um livreto de segurança com a finalidade de dar apoio aos homens do campo e orientar os consumidores quanto à forma adequada para o uso de produtos químicos.

Comunidade Científica

O "Outono Silencioso" e "Biokemia" são publicações científicas enviadas para profissionais de áreas específicas, universidades e imprensa. Essas publicações são acompanhadas de cartão resposta para que sejam indicados outros interessados, a fim de facilitar o relacionamento com os profissionais. Mensalmente são atendidos centenas desses pedidos de todo o Brasil.

Em abril de 1979, a Dow publicou o livro *Outono Silencioso*, o segundo de uma série editada sobre o emprego de defensivos agrícolas. O primeiro livro da série foi publicado em 1978 e intitula-se *A Questão dos Defensivos Agrícolas.*

A Dow colabora com o trabalho de pesquisa ao combate ao mal de Chagas, desenvolvido por Alfredo Martins de Oliveira Filho e Richard Pinchin do Núcleo de Pesquisas de Produtos Naturais da Universidade Federal do Rio de Janeiro. Para esse trabalho, a Dow contribui com produtos como inseticidas, que são pesquisados no combate ao barbeiro e também com verbas para o desenvolvimento da pesquisa.

A fim de incentivar a classe médica veterinária, através da pesquisa científica, a empresa promove bienalmente o Prêmio Dow de Veterinária. "Patologia Aviária" foi o tema para o terceiro prêmio, do biênio 79-80.

Colaborando na realização do VI Simpósio Internacional de Quimioterapia da Tuberculose, em Campos do Jordão, a Dow, através dos laboratórios Lepetit, sua divisão farmacêutica, trouxe cientistas estrangeiros, da Inglaterra, da França, da Itália e da Argentina para que transmitissem suas experiências. O Departamento de RP organizou eventos durante o Simpósio, em função de promover maior aproximação entre os membros da classe médica.

Público Interno

Para o público interno da companhia é publicado o jornal quinzenal "Dow Brasil Atual", editado em São Paulo com assuntos e comunicados de interesse geral a todos os funcionários no Brasil. O "Dow Guarujá Informa" e o "Dow Bahia" são produzidos nas respectivas localidades. Assuntos e comunicados mais específicos referentes aos funcionários das demais unidades são abordados no Mural Brasil. Dessa forma são cobertas as necessidades específicas de comunicação interna das diversas localidades através dos boletins locais, complementadas pelo *house organ* dirigido aos 2.200 funcionários da empresa, no país.

Horas/homem de trabalho e Jantar de Confraternização de Natal são exemplos de eventos e comemorações para o público interno. A comemoração horas/homem de trabalho é organizada quando uma unidade completa um ou mais milhões de horas de trabalho, sem acidentes. Sua filosofia é homenagear os empregados por terem trabalhado dentro das normas de segurança da empresa. O evento é pretexto para que seja rememorado o programa interno de segurança.

Outro programa de comunicação e integração é o "Diálogo" apresentado no Capítulo III.

Comunicação de Marketing e Imprensa

As campanhas dos vários produtos, junto aos gerentes, são feitas pela coordenadoria dos departamentos de Comunicações e de *Marketing*.

Além da publicidade direta é editado o jornal "Dow Notícias" para públicos externos, especialmente clientes e outros públicos-alvo. Este jornal, que só contém notícias, é enviado também para a imprensa informativa e para isso o Departamento de Comunicações possui um *mailing list* dos jornalistas, por área e por editoria.

São Paulo coordena todo o serviço de noticiário à imprensa, excetuando-se Aratu e Guarujá. A empresa não segue uma programação periódica de comunicados à imprensa, somente enviando informações quando realmente há notícias a serem veiculadas.

Relações Públicas Institucionais

Outras áreas fazem os contatos governamentais, que passam a ser do âmbito de Comunicações quando se trata de apresentações institucionais a órgãos governamentais. Com essa finalidade foi feito um audiovisual institucional e o folheto institucional do Grupo Dow. No folheto, a empresa é abordada como um todo e em cada um dos seus complexos industriais. Apresenta seus recursos tecnológicos e seus produtos aplicados na indústria, na agropecuária, na saúde pública; sua comercialização e estocagem e seus recursos humanos.

Em 1979, foi feita uma campanha institucional baseada em três anúncios programados para quatro meses cada um, veiculados nos principais órgãos da imprensa nacional. Seu tema foi: "Para a Dow o homem continua sendo matéria-prima indispensável para o progresso".

Para sua publicidade institucional a Dow se utiliza da Colucci Associados Propaganda Ltda. e para a área de *marketing* da DPZ Propaganda S.A.

4. GM — GENERAL MOTORS DO BRASIL S.A.

Histórico

Em 1925, a empresa foi instalada em São Paulo e montava 25 veículos por dia, importando do exterior todas as peças. Em 1930, inaugurou a fábrica de 45 mil m², em São Caetano do Sul, SP, que fabricava carrocerias de ônibus com estrutura de madeira e chapas de aço.

A partir de 1948, expandiu suas instalações, dobrando a área coberta da fábrica, para a produção de camionetas, ônibus urbanos e interurbanos e refrigeradores Frigidaire. Em 1952, já haviam sido montados 250.000 veículos. A fábrica de motores, que até 1967 produzia caminhões, ônibus e *pick-ups*, em 1968, lançou seu carro de passageiros. O índice de nacionalização dos veículos atingiu 99%, a partir de 1975.

A GMB tem exportado, a partir de 1974, para diversos mercados, veículos, refrigeradores, baterias, fundidos, matrizes e peças, sendo que as exportações de 1978 superaram em 160% as do ano anterior, atingindo um total de mais de cem milhões de dólares.

A fábrica da Divisão Terex de equipamento pesado de terraplenagem e mineração foi inaugurada em 1974, em Belo Horizonte. E em 1976 foi inaugurada a Detroit Diesel Allison, em São José dos Campos, que produziu, entre 1976-78, 54.134 motores para caminhões, barcos de pesca, aviões, helicópteros e indústrias, sendo transformada, em 1979, para produzir um novo multicombustível.

Em São José dos Campos, em 1978, inaugurou moderno sistema computarizado de tratamento de despejos líquidos, sendo o maior complexo de tratamento integrado de águas sanitárias, oleosas e industriais existentes na América Latina.

Para análise do comportamento da carroceria dos veículos, possui o Campo de Provas e Centro de Pesquisas Tecnológicas de Cruz Alta, em Indaiatuba, SP, integrado com completo laboratório para análise de emissão de gases veiculares.

A rede de distribuição de veículos é constituída por um total de 377 concessionárias, que atendem a 310 cidades, possuindo 27 oficinas autorizadas. A distribuição de veículos é supervisionada por seis Escritórios Regionais, localizados em São Paulo, Bauru, Rio de Janeiro, Belo Horizonte, Porto Alegre e Recife.

4.1. Departamento de Relações Públicas

Durante mais de 40 anos, a GM teve suas atividades de relações públicas no Brasil desenvolvidas em áreas inadequadas, no âmbito do Departamento de Vendas, talvez porque essas atividades não tivessem a amplidão que têm hoje. Eram funções desenvolvidas sob a supervisão do diretor de vendas, que exercia cumulativamente as funções de Gerente de Relações Públicas.

Estrutura

Em 1962, de acordo com os projetos de expansão, foi organizado um departamento específico de relações públicas. Esse departamento foi iniciado com a contratação de assessores externos, sendo que internamente havia um grupo pequeno composto pelo gerente, dois funcionários e uma secretária. Naquela época utilizavam uma Assessoria de Relações Públicas da McCann-Erickson Publicidade, que posteriormente se transformou numa empresa autônoma, chamada Infoplan.

Em 1968, a companhia já havia alcançado um estágio de expansão muito grande. Estava com a perspectiva de lançamento do primeiro carro de passageiros e sentia necessidade de uma reformulação total das atividades de RP e de ampliar essas atividades.

O Departamento de RP se expandiu, porém não muito, devido à convicção de que é interessante trabalhar com assessorias externas. ao invés de possuir muitos empregados nessa área. Utiliza duas Assessorias Externas, a Proal-Programação Assessoria Editorial SC, que cuida especificamente da produção do jornal interno; e a DPZ Propaganda S.A., que cuida da propaganda institucional da companhia e também presta assessoria na área de imprensa, para redação e distribuição de material à imprensa. Supre as necessidades de redatores e faz o endereçamento e distribuição do material para a imprensa. Também se encarrega da coleta de todos os comprovantes do material publicado e dá assessoria por ocasião de coletivas de imprensa.

Organização

Dentro desse quadro geral, cada uma das Divisões tem seu gerente de Relações Públicas.

A organização interna tem a estrutura de dupla subordinação do Gerente de RP da Divisão Automobilística de São Caetano: administrativamente é subordinado ao Diretor Executivo e operacionalmente é subordinado ao Presidente da empresa.

Relações governamentais são desenvolvidas pelos gerentes dos dois Escritórios Regionais, do Rio de Janeiro e de Brasília. Ambos os gerentes têm dupla subordinação: na área de RP, especificamente, reportam-se ao gerente divisional de São Caetano e na área de Relações Governamentais reportam-se ao Gerente de Relações Governamentais da companhia *holding*, que é a General Motors do Brasil-Corporação. O Escritório Central é uma empresa *holding* que funciona em São Paulo e presta serviços a todas as Divisões. Assim as relações governamentais são desenvolvidas em proveito de todas as outras Divisões.

Os Departamentos de Relações Públicas funcionam com 11 pessoas em São Caetano; com 2 pessoas na Detroit Diesel; com 3 em São José dos Campos e com 3 pessoas na Terex; e mais estagiários. Foram eles que organizaram os trabalhos de preparação de inauguração, tanto na Terex, em Belo Horizonte, em 1973, como da Detroit Diesel em São José dos Campos, em 1975.

Os Gerentes de Relações Públicas das fábricas de São Caetano e de São José dos Campos são homens voltados essencialmente às atividades comunitárias. Dedicam-se ao desenvolvimento de programas de RP voltados para as comunidades onde as fábricas estão instaladas. Esses dois gerentes coordenam todos os programas de apoio à comunidade, todo o programa de visitas às fábricas e o programa de doações.

Subordinado ao Gerente Divisional de RP de São Caetano, há o Gerente de Relações com a Imprensa que, por sua vez, tem sob sua subordinação dois editores, de Publicações Externas e de Publicações Internas.

O Editor de Publicações Internas edita o jornal da empresa e exerce a função de revisor de textos de todos os folhetos e boletins educativos e explicativos que são distribuídos internamente. Ele trabalha em contato direto com a Assessoria Externa para a produção do jornal. Todas as publicações de caráter interno são preparadas pelos departamentos competentes e submetidas a uma revisão final, antes de serem editadas.

Todo o material produzido pela Assessoria Externa é submetido à aprovação do Gerente Divisional de RP, que decide quanto ao veículo que deve ser usado, em termos de melhoria ou manutenção de imagem. Decide também quanto à participação em determinados eventos e quanto aos materiais impressos que devem ser distribuídos.

Contatos com a Imprensa

A colocação de *press-releases*, de textos jornalísticos, de reportagens distribuídos aos meios de comunicação de massa, de todo o país, é facilitada pois o automóvel é notícia e há jornais com colunas e editorias especializadas e suplementos sobre automobilismo.

O grande público tem sempre grande curiosidade por automóveis e pelos detalhes de sua fabricação. Para informar esse público, de todo o país, é desenvolvido um trabalho de envio de notícias a 450 jornalistas, regularmente. A GM tem uma programação preestabelecida de distribuição de informativos à imprensa, cuja pauta é feita com 30 dias de antecedência. Essa programação de distribuição somente é alterada quando há algum fato extraordinário e de última hora.

Nos contatos com a imprensa não usam matéria paga, mas os *releases* legítimos, ficando a critério do jornalista julgar o que é de interesse do leitor e publicar. Nesse sentido, o Gerente de Relações com a Imprensa se coloca numa posição de colaborador dos jornalistas, oferecendo informações jornalisticamente boas, a fim de divulgar os produtos e as marcas. Esse trabalho, muitas vezes, redunda em páginas inteiras redigidas por iniciativa dos jornais.

No início da estruturação do Departamento de RP, usavam muito material vindo dos EUA e traduzido; hoje, quase todo o material distribuído refere-se à GM do Brasil. Embora sem valor comercial, divulgam os lançamentos dos novos modelos americanos, pelo interesse que despertam. Esse material é distribuído principalmente para as revistas especializadas. Tais revistas têm correspondentes no exterior, que obtêm o material diretamente das fábricas; quando isso não ocorre, solicitam-no às fábricas nacionais.

O programa de testes dos automóveis, por jornalistas, é uma atividade trabalhosa. Os carros que são entregues aos jornalistas, por um prazo de 15 dias, nada têm de especial, são veículos normais de linha, revisados dentro das especificações. Os tipos de testes são decididos livremente e a avaliação do produto é feita com liberdade — e é isso que interessa ao público e à própria fábrica.

Os *press-kits* são usados no lançamento de modelos de apresentação de novas linhas, com toda a literatura sobre a empresa, sobre o veículo, ficha técnica e material fotográfico, no mínimo 12 fotografias.

Os *kits* de imprensa também são dados aos visitantes, com o histórico da companhia, folhetos de produtos, decalques, etc. A empresa possui um *kit* destinado ao público infantil, muitas vezes solicitado por crianças do exterior.

Outros *kits, distribuídos* pela companhia, acompanharam o lançamento de automóveis da linha 1979 e a inauguração da estação de tratamento de águas de São José dos Campos.

O bom relacionamento com os jornais e jornalistas é um objetivo permanente da empresa. Para que a filosofia de colaboração recíproca não seja afetada é importante conhecer e compreender as preocupações da imprensa, seus métodos e suas metas. Com esse objetivo, os funcionários da Gerência de Imprensa viajam por todo o país, visitando redações, conversando, ouvindo opiniões e críticas.

O levantamento do que é publicado nos jornais é feito pela DPZ-Propaganda, que fornece um relatório mensal, computando a centimetragem. Assim, em 1978, as notícias da GMB ocuparam 103.110 cm/coluna em jornais e 58 páginas de revistas, sem considerar as matérias especiais das próprias publicações, motivadas pelos testes e por outros temas.

Público Interno

O público interno recebe uma atenção prioritária da companhia que, através de seus departamentos de Relações Industriais e de Pessoal, desenvolve programas de benefícios, de incentivos e educacionais. Os eventos tradicionais para os empregados, como as festas de Natal, são dificultados pelo próprio tamanho da companhia, e cabe ao Departamento de Relações Industriais distribuir presentes para os filhos dos empregados, num total de 80 mil crianças. Recentemente foi inaugurado o clube dos empregados, o GMEC, com sede campestre, às margens da represa Billings.

O Departamento de Relações Públicas é responsável pela edição do jornal interno; adota uma filosofia editorial inteiramente voltada para o público interno, para que seja um órgão dos empregados, com a maior participação possível, com reportagens valorizando todos os setores de atividades.

De acordo com o enfoque do Departamento de Relações Públicas, o jornal deve refletir a vida da comunidade e ao mesmo tempo refletir suas necessidades e interesses. Dessa maneira, o leitor age também como repórter.

Assuntos não faltam para o jornal, pois tudo o que acontece, envolvendo o pessoal, pode resultar em boas matérias jornalísticas. Sempre há alguma nova turma de aprendizes; ou uma ferramenta especial está sendo testada; ou é preciso incentivar o uso de equipamentos de segurança; ou aparece um indivíduo com um *hobby* incomum; tudo isso é notícia.

Dentro desse espírito, o jornal tem feito um grande papel de integração. O "Panorama" também realiza concursos, sendo um dos mais tradicionais o de contos e de capas de Natal. Há concursos fotográficos com a colaboração de firma especializada, e vários outros, como o concurso lançado em 1978 para premiar o melhor símbolo gráfico para um programa de melhoria de qualidade. São noticiados os prêmios ganhos pelas novas sugestões, em várias categorias; em três meses, o Plano de Sugestões da Fábrica de São José dos Campos premiou 189 sugestões, totalizando mais de novecentos mil cruzeiros. Outra notícia constante é a entrega do relógio de ouro, como reconhecimento simbólico, pelos 25 anos de atividades do empregado, na GMB.

Dentro da filosofia de integração, o Departamento de RP mantém uma exposição permanente, um *display* com material fotográfico e maquetes da empresa, em local de grande circulação de empregados.

Relações Institucionais e Educacionais

O Departamento de RP mantém um programa de doações, que inclui, além de verbas, motores, peças e equipamentos para fins didáticos, visando à formação profissional. A entidade mais beneficiada por esse programa tem sido o SENAI.

O Departamento de RP segue critérios para atender os pedidos de doações e, mesmo assim, são feitos estudos para cada caso, sendo os limites: em dinheiro, de até 1.500 dólares; e em produtos, de até o valor de 200 dólares, para cada entidade.

Outra atividade de cunho institucional, coordenada pelo Departamento de Relações Públicas, é o programa de visitas às fábricas. As visitas são feitas em grupos de 20 a 40 pessoas, geralmente estudantes dos vários níveis, que recebem explicações sobre as diversas fases da produção de um veículo. Em 1978, a fábrica de São Caetano recebeu 1.500 visitantes, entre estudantes, turistas e autoridades.

Dentro do Programa de Educação, são feitas visitas a escolas, onde são proferidas palestras sobre a companhia, seus métodos, sua história, suas pesquisas e sua contribuição para o desenvolvimento. Ao mesmo tempo, são transmitidas informações sobre segurança, tecnologia, mercado de trabalho e outras de interesse para a formação da juventude escolar.

Filmoteca

A filmoteca da empresa conta com aproximadamente 60 títulos sobre assuntos como segurança, tecnologia, ecologia, e história da GM. Esses filmes são utilizados nos programas de Relações Educacionais e são emprestados às escolas e instituições. A Companhia de Engenharia de Tráfego, vinculada ao DETRAN, exibiu os filmes da GMB sobre segurança, em todos os Estados brasileiros.

Filmes institucionais foram produzidos em comemoração aos 50 anos da GMB e pelo centenário de fundação da cidade de São Caetano do Sul.

Foi feito um filme de curta-metragem, para cinemas do circuito comercial e que está sendo apresentado em todo o Brasil, para comemorar a inauguração da Estação de Tratamento de águas servidas, da fábrica de São José dos Campos. Trata-se de um documentário de 11 minutos, denominado "Em Paz com a Natureza", onde a Estação de Tratamento aparece durante apenas três minutos. O filme termina com a frase "preservar a natureza é preservar a vida", que coincidiu com o *slogan* da Campanha da Fraternidade lançado pela CNBB: "Preserve o que é de Todos".

O filme foi exibido no Trade Center de São Paulo, em maio de 1979, durante uma exposição de equipamentos de controle da poluição que, junto com painéis, mostrou o que é a Estação de Tratamento de Águas de São José dos Campos.

Feiras e Exposições

O Salão do Automóvel de São Paulo é uma das exposições mais importantes para as indústrias do ramo automobilístico. A apresentação da GMB nas feiras, exposições e salões é feita com a participação do Departamento de RP e com a Seção de Propaganda de Produtos, ou com a Seção de Promoção de Vendas. A área de relações públicas cuida do atendimento a visitantes da imprensa e da área governamental, enquanto que a Seção de Vendas cuida do grande público e de grupos especiais de convidados da área de vendas e da área de frotistas. Há uma harmonia muito grande no desenvolvimento dos trabalhos. O Departamento de RP cuida da imagem e é encarado como elemento de apoio de vendas.

Prêmios

Dentre as indústrias do ramo automobilístico, a GMB foi a primeira a fazer uma campanha de alerta quanto à necessidade de economizar combustível. As primeiras peças foram publicadas no início de 1974 e a Campanha de Economia de Combustível foi premiada com a Medalha de Ouro, pelo *Diário Comércio e Indústria, Shopping* e *City News*.

Em 1975, ganhou o maior prêmio no I Encontro Ibero-Americano de Publicidade, no México e também pelos melhores *jingles*.

Recebeu três prêmios Colunistas e três prêmios da ABERJE-Associação Brasileira de Editores de Revistas e Jornais Empresariais, sendo os dois últimos em 1978. Nesse ano foi feita uma série de anúncios alertando os motoristas quanto aos perigos do trânsito. Somados os anúncios de oportunidade, às vésperas dos grandes jogos de futebol, de feriados, de fins de semana — esses anúncios reunidos representaram uma campanha, que redundou no prêmio Colunistas.

5. NESTLÉ — COMPANHIA INDUSTRIAL E COMERCIAL BRASILEIRA DE PRODUTOS ALIMENTARES

Histórico

Desde o final do século XIX, o leite condensado Nestlé tinha ampla aceitação e era vendido em todos os países da América Latina, devido à fraca produção leiteira, à dificuldade de transportes e à ausência de um sistema de distribuição que permitisse a conservação de um gênero tão perecível como o leite fresco. Sua primeira casa de vendas foi instalada no Rio de Janeiro, em 1912, e se tornou, em 1920 a primeira Sociedade Nestlé, na América Latina. O Brasil, com seus 28 milhões de habitantes, oferecia um interessante mercado potencial.

A compra de uma "condensaria", em Araras, SP, marca, em 1921, o primeiro ano de sua produção. A fábrica ocupava 55 pessoas, adquirindo 2.000 toneladas de dois produtores locais. O leite condensado, recém-fabricado teve imediata aceitação no mercado.

Além da fábrica, a Nestlé não possuía nem terras, nem fazendas, dependendo inteiramente dos produtores locais. Esse princípio de política geral da empresa, de não possuir nem gado, nem fazendas, é respeitado rigorosamente em toda a sua história.

Três anos após o início de suas atividades, começou a produção de farinhas lácteas, que eram importadas e em 1928 a fabricação de leite em pó abre uma nova etapa que preparou um desenvolvimento tecnológico considerável e permitiu, alguns anos mais tarde, uma nova diversificação: a fabricação de produtos dietéticos leiteiros para crianças.

Atualmente, a sociedade conta com 14 usinas, das quais 8 fabricam produtos à base de leite fresco, coletado nos distritos leiteiros criados ou desenvolvidos pelos seus próprios serviços de assistência técnica agrícola. Quatro usinas, das quais três situadas em São Paulo, fabricam biscoitos, chocolate e cremes; as duas outras produzem produtos culinários congelados. Em 1975 foi implantada a quinta usina, cujo empreendimento é engarrafar água mineral, em Campos do Jordão, SP.

5.1. Filosofia, Definição e Políticas de Relações Públicas

Filosofia de Relações Públicas

As atividades da área de Relações Públicas são desenvolvidas por várias unidades da companhia, com grande participação do setor jurídico, sendo que suas funções estão diretamente ligadas à presidência da empresa.

A empresa assume, na conduta de seus negócios, uma responsabilidade social perante os consumidores de seus produtos, seus empregados, seus acionistas e perante a coletividade.

A filosofia das atividades da empresa, tradicionalmente estabelecida, é de fabricar produtos alimentícios de boa qualidade, respondendo a uma necessidade dos consumidores, vendê-los com lucro para assegurar a remuneração do investimento e fortalecer a posição da empresa no contexto econômico do País.

Assim, a empresa reconhece a necessidade inerente a todo progresso social de promover a satisfação no trabalho e o desenvolvimento das aptidões de seu pessoal, assim como contribuir para a prosperidade das comunidades onde desenvolve suas atividades.

Cabe à área de Relações Públicas fazer com que esses conceitos efetivados sejam conhecidos e reconhecidos, bem como sejam atendidas as aspirações dos públicos que com ela se relacionam.

A empresa adotando uma filosofia de Relações Públicas, seu programa deve ser suficientemente amplo para cobrir todos os campos de seu interesse, para que os resultados esperados possam ser atingidos em proveito mútuo, da empresa e de seus públicos.

Definição de Relações Públicas

"A função de Relações Públicas compreende o conjunto de atividades orientadas no sentido de criar e manter um clima de confiança e compreensão entre a empresa e seus colaboradores e entre esta e os demais públicos com que, direta ou indiretamente se relaciona." Tal definição é uma decorrência do que estabelece o Decreto n.º 63.283 de 26 de setembro de 1968, que regulamenta a Lei n.º 5.377 de 11 de dezembro de 1967, que disciplina o exercício profissional de RP.

Políticas de Relações Públicas

As políticas de relações públicas que permitem efetivar sua filosofia visam:

— zelar pelo desenvolvimento harmonioso de todas as atividades da empresa, que possam influir sobre seu conceito, tanto interna como externamente;

— transmitir com nitidez os objetivos e atuação da empresa no contexto social do País e a relevância dos serviços que presta à coletividade;

— fomentar uma atitude positiva nos diversos públicos com os quais a empresa se relaciona direta ou indiretamente, de maneira que as atitudes adotadas gerem benefícios comuns;

— estabelecer um sistema contínuo de comunicação, que represente um autêntico diálogo entre a empresa e seus públicos;

— atuar de forma a que as atividades da empresa respondam às aspirações de seus públicos.

5.2. Políticas Orientadas para os Diferentes Públicos

O grande público, composto de grupos de pessoas, sempre influi no desenvolvimento das atividades de uma empresa.

Com o objetivo de agir junto a esses públicos e de melhor comunicar-se com eles, a área de Relações Públicas desenvolve políticas específicas. Subdividindo os públicos em duas grandes áreas: de público interno e externo, desenvolve atividades dentro de um programa global de RP, na empresa.

Público Interno

Verificando os interesses e aspirações dos empregados, procurando harmonizá-los com os da empresa, dentro de um clima de mútuo aproveitamento, as Relações Públicas Internas visam proporcionar aos empregados o conhecimento, o entendimento e a perfeita avaliação das atividades da empresa, tendo em vista os objetivos sociais da empresa.

Por ser considerado o principal público da empresa, recebe especial atenção desde a fase de sua admissão na companhia, durante seu trabalho e até seu afastamento dos quadros funcionais.

As atividades desenvolvidas pela área de RP, junto ao público interno são:

Atividades Sociais — desenvolvidas de modo a criar e manter efetivamente um ambiente de harmonia e integração nos quadros funcionais da empresa. As atividades sociais constam de Festas de Natal, homenagem a veteranos, mensagens de aniversário, casamento, nascimento, etc.

Visitas às Unidades — em data denominada "Dia do Colaborador", que se destina a integrar grupos de famílias dos empregados com o trabalho desenvolvido na empresa. É importante que os empregados possam também conhecer outros estabelecimentos da empresa, principalmente as fábricas.

Grêmios e Associações — como eficiente recurso de integração dos empregados, de suas famílias e até da própria comunidade. Para conseguir bons resultados torna-se necessária uma pesquisa de opinião, a fim de avaliar as expectativas dos empregados, quanto à melhor forma de funcionamento.

Instalação de empregados transferidos — seja de outra unidade da companhia, seja do exterior, a área de RP deve proporcionar-lhes facilidades de adaptação e instalação residencial. Dá atendimento, desde a chegada do elemento transferido até a elaboração do contrato de locação.

Publicação Interna — "Atualidades Nestlé" é a revista trimestral editada pela empresa, dentro da linha de integração. Apresenta perfis dos empregados, com seus hábitos e passatempos, valorizando o elemento humano e apresenta reportagens locais das fábricas e filiais e das cidades onde estão situadas.

Público Externo

Com relação ao Público Externo, levam em conta os seguintes princípios:

— a publicidade da empresa deve revelar, sem artifícios enganosos, as características e o benefício ou serviço que o consumidor pode esperar dos produtos da companhia;

— as consultas, sugestões e reclamações apresentadas à empresa devem ser atendidas com presteza e de maneira clara e verdadeira;

— informações sobre os produtos devem ser proporcionadas através do veículo que, para cada tipo de consumidor, for considerado mais indicado;

— educar, formar e desenvolver, no público, a consciência do consumidor.

Clientes

A área de Relações Públicas visa conhecer e avaliar a opinião dos clientes sobre a empresa e sua filosofia, com a finalidade de promover a harmonização dos interesses envolvidos nesse relacionamento. Como os clientes têm contato com a empresa através de seus empregados, estes devem:

— proporcionar-lhes informações que lhes permitam formar uma opinião completa e real da empresa, dentro do contexto sócio-econômico em que se situa;

— constituir-se em elemento de coleta de informações que sejam de valia para definição e/ou reformulação da política de atuação da empresa, nessa área.

Comunidade

A empresa é grande fonte geradora de empregos diretos e indiretos. Sua contribuição é marcada no sentido de elevar o nível nutricional da população e constitui elemento motivador do aproveitamento de riquezas e disseminador do progresso, acentuadamente no meio rural.

A presença da empresa é discreta em grandes concentrações urbanas, mas ocupa lugar destacado em pequenas localidades. Assim, através da área de relações públicas é adotado um espírito de colaboração comunitária, principalmente nas localidades em que estão instalados Postos de Recepção e Fábricas. Esse espírito deve presidir o relacionamento da empresa com autoridades, estudantes, entidades e projetos locais, manifestações comerciais, cívicas e culturais.

Visando manter e aprimorar a imagem da empresa junto à comunidade, é executado um programa sistemático de visitação às fábricas, organizado para vários públicos, sob a coordenação da área de RP.

A Nestlé produz filmes institucionais e informativos. Em 1979, produziu uma série de filmetes para a Sociedade Brasileira de Pediatria, no sentido de incrementar o aleitamento materno e, no entanto, fabrica o leite substitutivo. Possui um filme de curta-metragem, sobre o Brasil, narrado em francês, apresentando suas dimensões continentais, suas potencialidades e dados econômicos atualizados e problemas como a inflação e a desvalorização da moeda. Filmes desse tipo constituem uma real colaboração com a comunidade e não se preocupam em "vender" a imagem da companhia, pois nem mesmo aparece sua identificação corporativa.

Consumidores

São inumeráveis os consumidores diários de produtos alimentícios, de níveis heterogêneos e de interesses os mais diversos. A empresa, oferecendo produtos alimentícios de qualidade ao consumidor, cumpre uma de suas funções sociais.

Assim, os consumidores constituem um público de suma importância dentro do Programa de Relações Públicas para atuação da empresa.

Em forma de calendário é editado pela Nestlé um Receituário e Guia de Alimentação contendo receitas simples e práticas, todas testadas pelo Centro Nestlé de Informação ao Consumidor. As receitas são destacáveis e podem ser guardadas numa bolsa especial. Contém uma Tabela de Safra, para que o consumidor possa escolher as frutas, verduras e legumes de cada estação, comprando produtos mais baratos e com maior valor nutritivo. Sugere cardápios de alimentação equilibrada e ressalta a importância dos rótulos — de grande importância em produtos alimentícios.

O Centro Nestlé de Informações ao Consumidor tem como proposta de trabalho atuar como uma ponte entre o fabricante e o consumidor, através de sua equipe feminina de especialistas em nutrição, pedagogia, economia doméstica, sociologia e que são também donas-de-casa e consumidoras. O Centro possui "O Correio do Consumidor" e o "Telefone do Consumidor" à disposição para atender as solicitações e dar esclarecimentos a esse público.

Classe Médica e Paramédica

As classes médicas, em geral, e sobretudo os especialistas em pediatria e a classe paramédica constituem públicos de particular importância para a empresa.

Junto a essas classes, a área de RP desenvolve as seguintes atividades:

— oferecendo-lhes publicações especializadas;
— colaborando na organização e realização de seus congressos e reuniões, tanto no aspecto financeiro, quanto no científico;
— apoiando-as, mediante a concessão de bolsas de estudo, colaborando em matéria de pesquisa científica e com os centros assistenciais dedicados à infância.

Amplas informações lhes são fornecidas, especialmente a pediatras recém-formados, quanto aos cuidados observados na fabricação dos produtos e quanto às normas de controle de qualidade adotadas.

Fornecedores

As fontes de fornecimento representam um fator de primordial importância para a consecução dos objetivos da empresa. As relações com os fornecedores, baseadas em mútua compreensão, confiança e honestidade, constituem o meio de estabelecer um vínculo entre os fornecedores e a empresa.

Para melhor atender os fornecedores do setor agropecuário é desenvolvido intenso trabalho informativo por parte da *ANPL-Assistência Nestlé aos Produtores de Leite*, para divulgação de novas técnicas e experiências.

Informações úteis, como a importância da silagem; os vários tipos de vacinas e injeções; doenças mais comuns ao gado; controle leiteiro; plantio de forrageiras, e muitos outros itens, foram publicados em forma de calendário, destacável e de forma a ser guardado para consulta.

Imprensa

Considerando que a imprensa constitui público de prestígio, cumpre à empresa aceitar, apoiar e atender suas solicitações, pelo que representa como meio de difusão de informações e de formação da opinião pública.

É norma da empresa atender a imprensa facilitando-lhe as informações necessárias e dispondo-se a atender quaisquer solicitações com cooperação irrestrita.

A necessidade de manter e cultivar um bom relacionamento com os elementos da imprensa local é destacada em todas as unidades descentralizadas, sensibilizando os gerentes. A área de RP orienta os gerentes sobre a conduta a ser adotada diante de jornalistas e eles são permanentemente informados sobre os negócios da empresa.

Relações Governamentais

Relações Públicas junto aos órgãos governamentais, em seus diversos níveis, são desenvolvidas pelo presidente da companhia e pelos profissionais de RP dos escritórios do Rio de Janeiro e de Brasília.

A empresa se utiliza de assessoria para prestar serviços junto às áreas legislativas; utiliza a Artplan Publicidade S.A. para a sua conta institucional.

6. S.A. PHILIPS DO BRASIL

Histórico

A companhia iniciou suas atividades no Brasil com a fundação da Philips do Brasil, em 1924, no Rio de Janeiro. No período de 1924 a 1928, a empresa dedicou-se à importação e comercialização de lâmpadas incandescentes e, a partir de 1928, passou a importar e comercializar aparelhos radiorreceptores e em 1930 instalou sua primeira filial em São Paulo.

A Segunda Guerra Mundial provocou a suspensão de todas as importações, no período de 1939 a 1945. Nessa época foram desenvolvidas múltiplas atividades para possibilitar, mesmo a título precário, a continuidade da vida industrial e comercial do país.

Em 1945 foi iniciado o processo de constituírem entidades jurídicas, com alocação de atividades definidas. Em 1948 foi instalada a primeira fábrica da Organização Philips Brasileira, no bairro do Belenzinho, em São Paulo.

A partir de 1951, a companhia passou a adotar uma estrutura federativa, pois suas múltiplas atividades industriais e comerciais tornaram necessária a criação de órgãos técnico-administrativos centrais para assessorarem devidamente a Direção.

A Philips Brasileira mantém 13 unidades industriais situadas nos Estados de São Paulo, Rio de Janeiro, Pernambuco e Amazonas. Fabrica ampla gama de produtos incluídos nas áreas de eletrônica; telecomunicações e telefonia; iluminação; som; cinescópios, resistores e potenciômetros; e aparelhos domésticos.

Nos projetos de base, participa do programa nacional de telecomunicações e atua como grande fornecedora de equipamentos de sua marca nas áreas de mineração, siderurgia, petróleo, educação, saúde, pesquisa científica e do controle do meio ambiente.

6.1. Departamento de Imprensa e Relações Públicas

O Departamento de Imprensa e Relações Públicas foi criado na Philips em 1970, sendo que suas funções eram desenvolvidas, anteriormente pela Promo-Serviços de Promoção S.A., ex-*house agency* da Philips.

Devido ao fato de a empresa ter uma estrutura federativa, as organizações nacionais não são consideradas meras filiais: elas têm uma estrutura, uma filosofia e uma política específica, local, traçadas de acordo com as possibilidades locais e de acordo com a conjuntura nacional. Evoluem em função dessas variáveis e não em função da matriz.

A partir de 1970, quando o setor de Imprensa e Relações Públicas se destaca da Promo, fica diretamente subordinado ao superintendente, em termos de um serviço e não de um órgão de RP. Iniciado da estaca zero e com objetivos não muito definidos, passa a introduzir e a desenvolver uma série de atividades dentro do objetivo de comunicação, inerente a um setor de RP, tendo em vista as possibilidades locais e procurando encontrar a melhor forma de atuação.

Em 1975, o Departamento já se encontrava solidamente estruturado e com objetivos bem definidos. Assim, por exemplo, ficou estabelecido que o Departamento de Imprensa e Relações Públicas somente cuidaria da parte de comunicação, não sendo de seu âmbito qualquer tipo de atividade técnica, como também não participaria de medidas de caráter operacional. Dessa maneira, o Departamento não tem a seu cargo as relações governamentais, por serem operacionais, isto é, os contatos e esclarecimentos junto a órgãos governamentais fazem parte de um projeto operacional, fugindo ao âmbito de comunicação e de relações públicas.

O gerente geral do Departamento de Imprensa e Relações Públicas tem para assessorá-lo o Conselho de Relações Públicas e um Grupo de Planejamento e Controle. O Departamento possui quatro subdivisões: Relações com Órgãos de Divulgação; Relações com a Comunidade; Análise de Informações e Serviços de Relações Públicas.

O Departamento e suas subdivisões formam uma estrutura orgânica, onde a atuação dos setores se completa. Atende a uma gerência por objetivos, isto é, são fixados os programas e seus objetivos; é levantado o dimensionamento das necessidades; são estabelecidos os caminhos a seguir e é feita uma avaliação permanente dos resultados — de forma a permitir possíveis retificações.

6.2. Definição, Objetivos, Públicos e Políticas

Definição de Relações Públicas na Philips Brasileira

Seguindo a moderna tendência das relações públicas de que cada empresa deve ter, por escrito, suas políticas, de forma que reflitam sua filosofia de RP, temos a definição da Organização Philips:

"Relações Públicas são o conjunto de atividades a serem desenvolvidas, por decisão da Superintendência, devidamente assessorada por um órgão de Relações Públicas, num esforço planificado, levado a efeito com o propósito de estabelecer e manter compreensão mútua entre a empresa e os grupos sociais e/ou pessoas a que esteja direta ou indiretamente ligada".

Relações Públicas são uma função de gerência, com a responsabilidade de:

1. Segmentar a Opinião Pública em "públicos", classificados de acordo com o relacionamento que mantêm com a entidade, ou seja, identificar e classificar os grupos de pessoas que têm interesses comuns com a entidade.
2. Avaliar as atitudes desses "públicos" com relação à forma de atuar da entidade.
3. Informar esses "públicos" quanto aos aspectos de sua política operativa, no que possa interessar-lhes, e quanto ao desenvolvimento das atividades da entidade, no meio comunitário.

Objetivos de Relações Públicas da Philips Brasileira

Seus objetivos são:

1. Avaliar a atitude dos seus diversos "públicos" com relação à empresa.

2. Manter informados os seus diversos "públicos" sobre as atividades da empresa, procurando demonstrar-lhes a identidade que existe entre as intenções, políticas e atos da Philips e os interesses específicos desses "públicos".

3. Promover a Philips como contribuinte para o bem-estar da comunidade e, em contrapartida, obter o apoio para as atividades que a empresa desenvolve na comunidade.

Públicos da Philips e Áreas de Relacionamento

Quando se fala em público da empresa, cada empresa tem seus próprios públicos específicos — e é para esses públicos que deve ser transmitida uma visão global da empresa, como um todo, de dentro para fora.

Não é considerado público específico do Departamento de Imprensa e Relações Públicas, o público de *marketing*, isto é, o mercado potencial de consumidores que é comum a todas as empresas que venham a fabricar um mesmo produto. A participação no mercado é que difere para cada empresa. Algumas vendem mais, outras menos, mas lutam pelo mesmo público consumidor.

A informação aos públicos específicos, com mensagens específicas e linguagem adequada para cada um, irá formar a *opinião pública.*

Surge, assim, a necessidade de definição da atitude da empresa face à função de informar a opinião pública, criando sua política de comunicação.

Política de Comunicação da Philips

É a partir do levantamento dos públicos da empresa que são estabelecidas suas políticas de comunicação.

A atitude a ser assumida pela empresa é função direta da forma como está inserida na conjuntura econômica, social e política da nação. Assim condicionada, a empresa, em termos de uma necessidade de comunicação social, com os grupos que formam o meio onde atua, deverá adotar uma atitude:

1. passiva, que pode ser *total* ou *moderada,* ou
2. *atuante,* que pode ser *moderada* ou *agressiva.*

A decisão da atitude a ser adotada é prerrogativa e responsabilidade da chefia executiva, mas deve ser decorrência de uma profunda, sistemática e permanente análise conjuntural, cujas conclusões serão a base fundamental da definição da atitude que a empresa deverá adotar, no momento, e à formulação de hipóteses futuras.

A análise conjuntural poderá ser desenvolvida através de informações colhidas nos órgãos de divulgação, pesquisas de opinião e contatos pessoais.

A matéria divulgada através da Imprensa, TV e Radiodifusão, se adequadamente interpretada, poderá ser uma indicação válida das tendências de pessoas ou grupos que atuam na conjuntura, mas a pesquisa de opinião é essencial para uma análise conjuntural mais apurada. Numa empresa é sempre desejável que a análise conjuntural expresse o consenso dos responsáveis pelas suas funções comercial, administrativa, industrial, de relações industriais e de relações públicas.

Em termos práticos, este consenso poderia ser obtido através de um grupo de trabalho permanente, no qual as funções acima citadas fossem convenientemente representadas. Essa equipe transmitiria suas conclusões ao Conselho Consultivo Diretivo, recomendando não só a atitude mais adequada a ser adotada, mas ainda, um elenco de atividades a serem desenvolvidas no campo da comunicação social.

A coordenação da implantação do que for decidido pelo Conselho Consultivo Diretivo é atribuição da função de Relações Públicas.

Quando há algum assunto polêmico, ou que necessite de uma assessoria, de um debate, ou de um *brainstorm*, em termos específicos filosóficos e doutrinários — então, a questão é debatida e discutida pelo *Conselho de Relações Públicas*. Através do debate, o Conselho chega a uma conclusão e a uma recomendação.

Grupo de Planejamento e Controle

É função do Grupo de Planejamento e Controle fazer o planejamento das atividades através do programa de atuação, assim como controlar essas atividades.

É este Grupo que estabelece as dotações orçamentárias. Ficam então a seu cargo os orçamentos e os programas de atividades acompanhados de todos os controles.

Como o Departamento de Imprensa e Relações Públicas tem uma estrutura orgânica, que atende por objetivos, o Grupo de Planejamento e Controle precisa ter tino operativo e conhecimento de organização, assim como deve estar apto a fazer planejamento por objetivos.

Um tipo de *controle gerencial* feito pelo Grupo de Planejamento e Controle refere-se à avaliação de resultados de divulgação pela imprensa. É avaliado o material divulgado pela imprensa, em todo o País, que contenha referência à Organização Philips.

Esse levantamento de avaliação de dados fornece indicadores válidos que podem orientar, com segurança, um programa de Comunicação Social para que as mensagens atinjam áreas expressivas da população.

Assim, a partir dos resultados da avaliação é feita uma previsão de veiculação dos comunicados à imprensa, para o ano seguinte, por praça e por mês.

Funções do Departamento de Imprensa e Relações Públicas

Considerando-se que toda a filosofia de comunicação social da Philips se baseia numa necessidade de definir a atitude da empresa face à *função de informar a opinião pública* — essa função é objetiva e é exclusiva do Departamento de Imprensa e Relações Públicas.

A função de informar a opinião pública se baseia em três itens fundamentais:

— identificar e classificar as entidades e grupos sociais, públicos que têm interesses comuns com a empresa;

— avaliar de maneira sistemática o conceito que esses públicos têm da empresa;

— manter esses públicos informados sobre as atividades da empresa.

O levantamento dos públicos já foi apresentado, portanto passam a ser analisados os dois outros itens.

Avaliação da Opinião Pública

A avaliação do que ocorre no meio ambiente é feita basicamente de duas maneiras: pela pesquisa de campo e pelo *desk survey*.

Pelas pesquisas de campo, estabelecido o universo da pesquisa e sua representatividade, obtém-se respostas às indagações do tipo: — o que é a Philips como empresa; — como é vista e recebida pelos vários grupos sociais. Assim, é conseguido um resultado de *avaliação de conceito*, ou como é vista a *corporate image* pela opinião pública.

O *desk survey* é a pesquisa feita a partir de recortes de jornais e revistas, que formam o *clipping* sobre a empresa.

O *desk survey* sempre oferece um bom indicativo, devido à diversificação das opiniões dos vários veículos de divulgação. Por ele é feita uma análise diagnóstica baseada numa pesquisa diária.

Os resultados de um *desk survey* são baseados na sinopse diária dos assuntos mais importantes do momento, que dão uma idéia da intensidade dos vários problemas sociais, vividos pela comunidade.

Este tipo de avaliação é muito importante, pois permite criar, sustentar e manter o conceito de uma empresa, junto a determinados públicos, criando um fluxo de informações nos dois sentidos, através de informações em dois canais.

Manter o Público bem Informado sobre as Atividades da Empresa

O Departamento de Imprensa e Relações Públicas visa manter o público bem informado, no que tange à estrutura da empresa, assim como sobre seus produtos. Visa também levar a imagem da participação da empresa junto à comunidade, mostrando sua integração na sociedade.

Assim, para manter o público bem informado sobre a empresa é necessário que haja um bom relacionamento com a imprensa. Para a Philips, os jornalistas constituem um público específico, importante e que deve ser muito bem atendido.

O fluxo de informações é mantido através de *releases* e de contatos face a face com os jornalistas, por meio de entrevistas, sendo que as coletivas de imprensa são evitadas.

A política da Philips é contrária a fazer campanhas de relações públicas através de matérias pagas, a exemplo do que ocorre nos EUA, isto porque a matéria paga aceita tudo e sérios erros de comunicação, portanto, podem ser cometidos. Assim, o Departamento considera preferível *informar a imprensa*, que usará a informação como achar mais conveniente. Logo, um *press-release* somente é enviado, quando atende aos três quesitos básicos:

— *criatividade* — informações elaboradas de tal forma que despertem o interesse público, ou pela maneira incomum de tratar um assunto, ou um produto;

— *qualidade de informação* — informação que contenha um conteúdo útil, uma essência;

— *oportunidade de divulgação* — informações somente divulgadas e distribuídas se forem consideradas oportunas, dentro do contexto social.

Para facilitar a distribuição dos *releases* é feito um cadastro de todos os jornais e revistas classe A, contendo todas as informações sobre os veículos.

A política adotada quanto ao relacionamento com a imprensa é de *low profile*, a fim de não entrar agressivamente, evitando assuntos polêmicos, mas mantendo uma presença constante, nos veículos de informação.

Relações com a Comunidade

Excetuando-se o contato com a imprensa, o Departamento de Relações Públicas mantém toda uma programação de *divulgação institucional* para públicos específicos, constando de: relatórios anuais; folhetos institucionais; programa de exibição de filmes (Filmoteca Philips); peças promocionais, tais como calendário, discos, *portfolio*; divulgação científica; filmes e *press-releases* técnicos.

O Departamento de RP estabelece programas, atividades e meios necessários para desenvolver a comunicação face a face com pessoas VIPs e grupos especiais, através de visitas; visitas com palestras e mostra das fábricas e contatos pessoais.

Assim, as visitas são programadas, desde a recepção aos visitantes, o acompanhamento, explicando a visita, programando palestras, expondo informações sobre a empresa e fabricação de produtos.

A atualização, impressão e distribuição de Folhetos Institucionais e Peças Promocionais tem o sentido de fazer com que as pessoas conservem esse material, tornando a mensagem válida, por longo período de tempo. Assim, seu aproveitamento é grande, em termos de mensagem institucional.

Os *donativos* são distribuídos a partir de verba específica da direção, administrada pelo Departamento de Imprensa e Relações Públicas. A diretoria aprova uma verba e um critério para os donativos e o Depto. de RP executa. Todos os critérios e procedimentos são estabelecidos e seguidos e no final do ano, é feito um levantamento dos beneficiados.

Para os *anúncios de "good will"* também existe verba específica. Assim, por exemplo, são beneficiadas publicações que não têm valor como mídia, mas que são atendidas por fazerem parte do programa de relações com a comunidade. Dá-se, pois, um apoio a esses veículos, que são úteis à comunidade, no sentido de preservá-los.

Serviços de Relações Públicas

O setor de Serviços de Relações Públicas desenvolve certos tipos de atividades que podem parecer "soltas", mas têm um objetivo dentro do contexto do Departamento. Este setor não trata da essência, nem entra no mérito da comunicação, nem da comunicação considerada como um todo. Não escolhe a mensagem, apenas programa a execução, cuidando que os serviços sejam bem executados.

Quando há necessidade de fazer um almoço, um coquetel, de receber pessoas no aeroporto, contratar qualquer tipo de serviço, ou receber a diretoria vinda do exterior, cabe ao setor programar as atividades.

Publicações Internas

Na Philips, há dois *house organs*: "Ondas e Estrelas", informativo da organização aos seus funcionários, bimestral e com tiragem de 20.000 exemplares; e o "Philibras", órgão noticioso e promocional, trimestral, para revendedores da Philips.

"Ondas e Estrelas" é feito bem a nível de funcionários, visando valorizar a figura do empregado. Apresenta os concursos, os jubileus e dá notas informativas sobre a empresa.

O "Philibras" procura valorizar o revendedor, mostrando inovações em pontos de venda, incentivando o produto e mostrando as vantagens das novas linhas de produtos recém-lançados.

7. PIRELLI S.A. COMPANHIA INDUSTRIAL BRASILEIRA

Histórico

O Grupo Pirelli veio para o Brasil em 1929, para produzir com mão-de-obra brasileira produtos que até então vinham sendo importados. Iniciou suas atividades no setor de condutores elétricos, adquirindo a CONAC, pequena fábrica desses produtos, que operava em Santo André, SP.

No Setor de Cabos de Energia, a Pirelli está capacitada a produzir todos os tipos de cabos para qualquer classe de tensão; isolados em papel, elastômeros ou plásticos. O Setor Metalúrgico garante aos vários setores de isolamento o condutor nas mais perfeitas condições.

No campo das Comunicações, acompanhou o desenvolvimento da telefonia nacional. Suas instalações permitem produzir todos os tipos de fios e cabos necessários aos sistemas telefônicos urbanos e interurbanos, com uma capacidade máxima de transmissão simultânea de 10.800 comunicações na mesma linha; nas comunicações urbanas, os cabos telefônicos têm capacidade de 2.424 pares.

No Setor de Fios Esmaltados, são produzidos todos os fios para enrolamento, desde os capilares, destinados a aparelhos miniaturizados e de altíssima precisão, até os retangulares das maiores dimensões, destinados aos possantes transformadores e geradores das centrais elétricas.

O Setor de Pneumáticos, desde a instalação de sua primeira fábrica, em 1939, até hoje, nas três fábricas de pneus e artigos afins, sediadas em Santo André, SP, em Campinas, SP, e em Gravataí, RS, possui completa linha de pneus e câmaras de ar para todos os veículos, desde bicicletas e motonetas, até os pneus de máquinas de terraplenagem usados na construção de barragens hidrelétricas.

Sendo uma das maiores utilizadoras da borracha como matéria-prima, possui duas plantações próprias de borracha, nos municípios de Una, BA, e de Benevides, PA. Aí desenvolve também pesquisas científicas especializadas, visando a melhor adaptação das plantas, o combate aos fungos e produtividade mais racional.

Em 1979, a Pirelli possuía 14.039 empregados em suas 14 fábricas e demais empreendimentos.

7.1. Setor de Relações Públicas e Publicidade

O Setor de Relações Públicas e Publicidade foi criado na Pirelli em 1963, diretamente ligado ao Diretor Superintendente. Possui um gerente, um assessor e uma equipe de 9 funcionários especializados, subdivididos nas áreas de *Contatos com a Imprensa, Contatos com a Comunidade* e *Atividades Especiais*.

Quanto às Relações Governamentais, existem duas Delegações Pirelli, uma em Brasília e outra no Rio de Janeiro, ambas controladas diretamente pela Superintendência. As gerências das Delegações são desenvolvidas por um advogado e um engenheiro, ambos muito bem relacionados e entrosados junto aos órgãos governamentais. Fazem acompanhamento de documentação e de processos, em entidades como CACEX, SUMOC, desenvolvendo atividades mais administrativas do que de relações públicas, junto aos Ministérios e Secretarias.

Quando as Relações Governamentais ultrapassam os limites administrativos e ganham cunho político ou social, passam para o Setor de Relações Públicas.

O Setor de Relações Públicas e Publicidade utiliza, há mais de 20 anos, a Publitec para seus assuntos publicitários e é a agência que cuida também do Calendário Pirelli, tradicional iniciativa de relações públicas da empresa.

Contatos com a Imprensa

Os contatos com a imprensa constituem, na Pirelli, uma atividade desenvolvida de maneira muito personalizada, baseada em contatos pessoais feitos por meio de visitas periódicas aos principais jornais, rádios e TVs, não só de São Paulo, mas também das outras localidades onde existem unidades da empresa.

O Gerente de RP de São Paulo presta uma assessoria direta, junto aos gerentes locais, em termos de relacionamento com a imprensa, quando são realizadas entrevistas importantes, seja em Pernambuco ou no Rio Grande do Sul. Não adotam, na empresa, o uso de um manual sobre contatos com a imprensa, pois acreditam que o gerente local perderia tempo para interpretar o manual e porque, acima de tudo, cada situação tem suas peculiaridades.

As notícias verdadeiramente jornalísticas são enviadas aos meios de comunicação de massa, uma ou duas vezes por mês, informando, por exemplo, sobre exportação de 800 mil pneus para os Estados Unidos; sobre pneus Pirelli vencedores do *rally* internacional, equipando os três primeiros colocados; sobre um grande contrato de exportação com o Iraque, etc. Têm por norma não enviar notícias das atividades da Pirelli no exterior, a não ser que estejam ligadas às fábricas brasileiras. Consideram o *return* como imagem a partir de matérias publicadas, difícil de ser calculado.

Contatos com a Comunidade

A empresa participa de festas locais, inaugurações e atividades das quais tomam parte os clubes de serviços. Às vezes, a empresa não participa diretamente, mas é representada por seus diretores. As entidades assistenciais locais também recebem atenção da empresa. As fábricas situadas em outras comunidades recebem um roteiro de atividades a serem desenvolvidas, sob a orientação da Gerência de RP de São Paulo.

Atividades especiais

Considerando especial tudo o que foge à rotina, esta área cuida de folhetos e áudios institucionais; de feiras e exposições; lançamento de ações; visitas às fábricas; planeja e executa as grandes festas de congraçamento de fim de ano e também da inauguração de novas fábricas ou instalações.

Folhetos institucionais

Os folhetos institucionais são periodicamente atualizados e em 1979, foi lançado o folheto "Pirelli 50 Anos" com o histórico da companhia, dados financeiros, estatuto social, balanço, imóveis, ata da última reunião e várias outras informações fundamentais para a empresa.

Audiovisuais

Anualmente, ou a cada dois anos, é feito um audiovisual institucional, com duração de 10 a 15 minutos, em português e inglês, sobre o Grupo Pirelli no Brasil. Os áudios são mais utilizados do que os filmes, em parte devido à facilidade de atualização e também por que não há nenhum filme geral sobre a empresa, existindo alguns sobre cada uma das unidades. Assim, para os visitantes são apresentados os áudios e não os filmes.

Feiras

Os *stands* de feiras e exposições são escolhidos pelo diretor superintendente da empresa e pelo diretor da divisão que participa da mostra.

O Setor de RP compra o espaço físico; contrata arquitetos e decoradores; supervisiona a construção e montagem do *stand*, escolhe as recepcionistas e determina qual será o material distribuído para o público.

No Salão do Automóvel, a empresa participa como fornecedora da indústria automobilística, sendo que de 30 a 70% dos veículos expostos são equipados com produtos Pirelli.

Participam de Feiras Internacionais, como por exemplo, em 1979, no Chile, na Nigéria, em Hamburgo, Alemanha, em Guaiaquil, Equador e em Genebra, Suíça, em outubro, a mais importante feira para empresas de telecomunicações.

A participação nas Feiras Internacionais é importante, pois os produtos brasileiros são vendidos para o mundo inteiro, como por exemplo os pneus radiais Cinturato, exportados há 20 anos para os EUA. A exportação de pneus convencionais e radiais, para mais de 100 países, atingiu, em 1980, a cifra de 53 milhões de dólares.

Visitas às Fábricas

As visitas são organizadas pelo Setor de RP e acompanhadas pelos monitores das fábricas, que conhecem as questões de segurança. Autorizam visitas apenas de adultos e sempre acompanhados por técnicos e engenheiros, a fim de evitar acidentes.

Balanços e Relatórios

Os Balanços e Relatórios são feitos pela gerência administrativa e o Setor de RP faz a revisão e escolhe o visual da publicação.

Inauguração de Novas Fábricas

Os programas de inauguração são iniciados com uma antecedência de seis meses a um ano, assemelhando-se a uma "operação militar" com seus objetivos bem traçados. É definido o *timing*; o material a ser usado; o número de participantes, formando um grande quadro onde as peças são movimentadas.

7.2. Público Interno

O grande projeto realizado pelas áreas de Relações Industriais e Relações Públicas, para o público interno, foi a venda de ações da companhia. Determinado número de ações foram postas à venda para os empregados e foram financiadas. Atualmente, parte dos 14 mil empregados é acionista.

Esse projeto está de acordo com as políticas internas da organização, pois trata-se de uma empresa que nasceu familiar e ainda tem à frente um engenheiro Pirelli, da quarta geração e empregados da terceira geração, criando um vínculo dificilmente encontrável, em empresas desse porte.

O público interno depende administrativamente de Relações Industriais, enquanto que o Setor de Relações Públicas tem uma atuação de assessoria nessa área e ambos os setores trabalham juntos. O Setor de Relações Industriais tem mais contato com os empregados e possui uma estrutura bem maior, com cerca de 400 pessoas.

Eventos Internos

Como eventos para público interno, são realizados concursos, festas e competições, cuja organização é feita pelo Clube Atlético Pirelli.

Patrocínio de Acontecimentos Esportivos

A empresa patrocina várias modalidades de esportes, em todos os estados e encontram-se, em seus quadros, várias campeões nacionais amadores. Quando a empresa patrocina algum campeonato, considera importantíssima a presença de funcionários que intensifiquem os contatos pessoais.

Revista Interna

A revista interna é uma publicação de integração, visando fortalecer os vínculos empregados/empresa e entre os empregados. Noticia todos os eventos internos e tudo o que ocorre no Clube. "Notícias Pirelli" tem ganho vários prêmios da ABERJE e é muito apreciada pelos funcionários.

8. R.F.F.S.A. — REDE FERROVIÁRIA FEDERAL S.A.

Histórico

A RFFSA é o maior sistema ferroviário brasileiro: estende-se do Maranhão ao Rio Grande do Sul e do Rio de Janeiro ao Mato Grosso e é constituído por seis Superintendências Regionais e uma Divisão Especial.

A Rede foi criada em 1957 e sua constituição, sob forma de sociedade anônima, foi feita através da reunião, em uma empresa, de 18 estradas de ferro. Seu maior acionista é o Governo Federal, que detém 98% do capital social. O efetivo de pessoal, em 1978, era de 94.931 funcionários.

Sua administração é exercida por um Conselho de Administração de seis membros e uma Diretoria composta de um Presidente e onze Diretores, com funções executivas. Os serviços de operação ferroviária são descentralizados e exercidos pelas seis Superintendências Regionais e pela Divisão Especial.

A extensão das linhas da RFFSA é de 23.789 km, o equivalente a 80% do total das vias férreas brasileiras. Em 1978, ela transportou 54,1 milhões de toneladas de mercadorias e 300 milhões de passageiros, nos subúrbios do Rio e de São Paulo.

Entre suas principais metas para o período de 1979-85, podem ser citadas a construção de 295 km da Ferrovia do Aço; o prosseguimento da modernização dos sistemas ferroviários suburbanos das regiões metropolitanas do Rio e de São Paulo; aumento para 45 milhões de toneladas anuais da capacidade de transporte da Linha do Centro (Rio-Belo Horizonte) e eletrificação de 1.100 km da ligação entre São Paulo, Rio de Janeiro e Belo Horizonte.

A RFFSA possui duas subsidiárias, a AGEF - Rede Federal de Armazéns Gerais Ferroviários S.A., que opera num sistema nacional de armazéns, integrado ao setor ferroviário e a ENGEFER-Engenharia Ferroviária S.A., que projeta e constrói obras ferroviárias, principalmente a Ferrovia do Aço.

8.1. Assessoria Regional de Relações Públicas

Na estrutura da Superintendência Regional-São Paulo da RFFSA existe a nomenclatura de Relações Públicas, há cerca de 10 anos, praticamente sem atuação. Devido à implantação de nova política, no início de 1978, foi solicitado a Salles/Inter-Americana de Publicidade S.A., um plano para implantação de um Departamento de RP, na Rede Ferroviária Federal. Em meados de 1978, a Superintendência Regional optou pela contratação de um funcionário efetivo, bacharel em relações públicas.

A fim de conhecer a estrutura da Regional-São Paulo, durante mais de um mês, esse funcionário viajou pela Rede, fazendo um trabalho de diagnóstico, apresentou um planejamento que, aprovado pela Superintendência Regional, tornou-se a diretriz a ser seguida pela Assessoria.

A Assessoria Regional de Relações Públicas está diretamente ligada ao Superintendente Regional e compreende uma chefia e duas Unidades: a Unidade de Divulgação e a Unidade de Programas Especiais. Somente a Assessoria de RP e o Superintendente Regional podem falar em nome da empresa, em São Paulo.

Unidade de Divulgação

Esta Unidade tem as funções de uma assessoria de imprensa, mantém contatos com os jornalistas, elabora os informativos à imprensa e faz a distribuição do material.

Cabe à Unidade de Divulgação:

— Manter pessoalmente contatos sistemáticos com os dirigentes de jornais, rádios e TVs, visando a manutenção de uma atmosfera constante de compreensão e colaboração por parte dos mesmos.

— Redigir e fornecer à imprensa artigos, reportagens e noticiários sobre as atividades da empresa.

— Estudar as manifestações da imprensa sobre a empresa e encaminhá-las aos órgãos interessados, acompanhadas das sugestões que julgar oportunas.

— Promover ou proceder a elaboração de material de divulgação e encarregar-se de sua distribuição.

— Organizar e manter atualizado o registro de datas, endereços que permitam o estabelecimento oportuno de contatos que sejam úteis ou indispensáveis às atividades da empresa.

— Manter permanente e sistemático contato com Associações de Classe, visando o intercâmbio de informações que possam interessar às atividades da empresa.

— Coletar, recortar e arquivar notícias sobre a Rede, fornecendo os recortes aos órgãos internos que os solicitarem.

— Acompanhar o noticiário espontâneo sobre a Rede, alertando a Superintendência para as retificações nos casos de omissões e correções ou interpretações tendenciosas por parte da imprensa.

— Fazer estatísticas do noticiário espontâneo sobre a Rede.

A unidade de Divulgação atende diariamente as solicitações e informações pedidas por jornalistas e envia aproximadamente um *press-release* a cada dez dias, com notícias de rotina. Prepara reportagens para determinados veículos a serem publicadas em dias especiais, como por exemplo, a matéria "Movimento Comercial entre o Brasil e a Bolívia por Ferrovia", para um Caderno de Economia de domingo. Prepara matérias para telejornais, como por exemplo "Turismo por Ferrovia". Com a crise de combustível as solicitações jornalísticas aumentaram e o transporte ferroviário é a grande notícia.

Os jornais com os quais a RFFSA mantém maior relacionamento são: *DCI; Gazeta Mercantil; O Estado de São Paulo; Folha de São Paulo* e revista *Exame*, pois têm bem desenvolvidos seus noticiários econômicos e é de grande interesse o noticiário sobre transporte de carga.

Outros jornais como *Notícias Populares; Folha da Tarde; Diário do Grande ABC*, interessam-se por assuntos específicos dos trens de subúrbio, como melhorias previstas no sistema, acidentes, problemas de "pingentes", etc.

Utilizam agência externa de recortes e sua circulação pela Regional faz parte da rotina das atividades da Unidade. Todos os dias, até as 10,30 hs., os recortes estão na mesa do Superintendente Regional, acompanhados de um formulário com as informações básicas: nome do veículo que noticiou; página, caderno, editoria e indicação sobre a fonte da notícia. Os recortes incluem notícias sobre a Rede e outras empresas de transporte ferroviário. Envolvendo outras áreas, os recortes são enviados ao superintendente em questão.

Trimestralmente é feito um relatório de imprensa, sobre retorno de *releases*, matérias de iniciativa dos jornais, matérias de cunho negativo. A partir desses dados é feita uma análise diagnóstica.

Unidade de Programas Especiais

Esta Unidade cuida de ambos os públicos, interno e externo e a ela compete:

— Elaborar programas de relações públicas destinados a promoção das atividades da empresa, realizando e participando de entrevistas, conferências, exposições e outros.

— Coordenar a realização de visitas às instalações da empresa.

— Promover a realização de pesquisas de opiniões visando conhecer as reações dos usuários dos serviços da Rede com relação a medidas inovadoras que a empresa queira adotar.

— Manter atualizados os arquivos de documentos, fotografias e ilustrações e outros auxílios audiovisuais, relativos às atividades desenvolvidas pela empresa.

— Dar apoio ao público interno, basicamente, em termos de instrumentos e conceitos de relações públicas.

Visitas

O belo cenário verde de Paranapiacaba, envolto em neblina, com seus sistemas de cremalheira e funicular, é atração histórica e é muito procurado por visitantes. O funicular foi implantado no início do século por técnicos britânicos e conserva o material original inglês. Os filmes *Doramundo* e *Gaijin* tiveram muitas cenas rodadas em Paranapiacaba.

Anualmente, durante as férias escolares, a Assessoria de RP recebe e programa visitas para 3 ou 4 turmas da OPEMA-Operação Mauá, integrada por universitários de vários Estados.

Propaganda Institucional

Toda a propaganda institucional, coordenada pela Assessoria de RP, é realizada pela Unidade de Programas Especiais. Está sendo elaborado um audiovisual institucional de 10 minutos sobre a Regional-São Paulo, mostrando quais são os tipos de transporte que oferece; suas estações; os novos percursos; o transporte de carga; a cremalheira; o trecho ex-Noroeste e a ligação com a Bolívia. O texto foi feito pelo jornalista da Rede e o áudio será exibido tanto para empregados, em cursos de treinamento e de reciclagem, como para visitantes. Esse áudio é importante para os funcionários da Regional, pois são poucos os que a conhecem como um todo.

A revista sobre o Ramal de Conceiçãozinha foi editada sob a supervisão da Assessoria de RP, para divulgar a obra em todo o Brasil. Mostra como o Ramal foi construído, dando destaque à sua técnica, com túnel de mais de 1 km de extensão, com a maior ponte ferroviária do país, e seus custos.

Contatos com Públicos Externos

Os contatos com líderes locais, prefeitos e associações de classe, em grande parte, são feitos pela Assessoria de RP, que cuida dos assuntos políticos da RFFSA.

A Estação dá Luz e trechos ferroviários são ótimos cenários para publicidade comercial, para produção de novelas e de telecursos; assim, semanalmente são procurados por agências publicitárias para fotografarem ou filmarem esses locais.

A empresa, através da Assessoria de RP, passou a cobrar uma taxa para a utilização de seus equipamentos como cenário de filmes de cunho publicitário, tendo em vista as fotos de modas que demoram até 5 ou 6 horas para serem feitas e filmetes publicitários, como um deles, para um comercial de refrigerante, que visava aproveitar a movimentação de passageiros na plataforma central, por onde passam cerca de 70 mil pessoas por dia. Para esse filmete de 15 segundos, filmaram durante oito horas, no recinto da estação.

Toda a publicidade comercial da Rede é feita pela Assessoria de RP, incluindo os editais e anúncios classificados de oferta de empregos.

Público Interno

A Divisão de Programas Especiais é basicamente voltada para o público interno e cuida do planejamento de várias campanhas, tais como, educativas; para melhorar a produtividade; de sugestões; artísticas e também das festas de congraçamento, com a finalidade de reunir e integrar os funcionários. Algumas festas são dadas no Nacional Atlético Clube, mantido pela Rede.

Rede de Quadros de Avisos

Com a finalidade de conseguir maior unidade dentro da Rede, estão sendo implantados cerca de 200 quadros com notícias rápidas e curtas, e lembretes — de Santos a Corumbá.

Para que haja uniformidade entre os quadros de avisos, estão sendo enviados às chefias os manuais de "Normas de Uso", explicando quais as notícias que devem ser expostas, qual é o tempo médio de exposição dos avisos e quais são os locais mais adequados para a instalação dos quadros.

Manual do Empregado

O Manual do Empregado é iniciado com uma mensagem de boas-vindas, apresenta uma síntese histórica da ferrovia no Brasil e em São Paulo. Mostra a Rede hoje, com as várias superintendências, o mapa de linhas, a regional de São Paulo e suas subsidiárias.

Sob o título "Você na Empresa", estão os direitos dos empregados, pela CLT e o que a empresa oferece espontaneamente, como a atuação de uma Fundação que complementa o INPS, na aposentadoria. Mostra os clubes e faz uma descrição sucinta dos vários departamentos de São Paulo e de Bauru, e apresenta as "Obrigações de Empregado".

Em separata, a seção "Quem é Quem na Companhia" apresenta os nomes dos chefes dos departamentos. Texto e fotos são da Assessoria de RP e a arte final é da Salles/Inter-americana.

Carta à Chefia

Com a finalidade de divulgar informações objetivas e sucintas, transmitindo uma visão global do que é feito na Rede, estão sendo editados boletins denominados "Carta à Chefia", com periodicidade bimestral, distribuídos até o nível de chefia de unidade, com tiragem de 250 exemplares, em *off-set*, em estilo manuscrito e linguagem informal.

As notícias que compõem esses boletins são coletadas por meio de "Pedidos de Informações", um formulário enviado a todos os Departamentos solicitando suas notícias. Os formulários são devolvidos em cinco dias e a seleção das notícias é feita pela Assessoria de RP.

Levantamento de Materiais Históricos

Foi constituída uma Comissão Interna de Levantamento de Documentos e Materiais Históricos com a finalidade de reconstituir a memória da Ferrovia, com vistas à instalação de um museu da Rede. Alguns exemplos de materiais que estão sendo levantados: a correspondência mantida entre a Companhia Inglesa e o fiscal do Imperador, 1860; o carro de D. Pedro II; a segunda locomotiva do Brasil; um carro funerário de 1920; relógios; máquinas de escrever; telégrafo, e outros.

9. SANBRA — SOCIEDADE ALGODOEIRA DO NORDESTE BRASILEIRO SA

Histórico

Fundada em 1923, em Recife, sua orientação básica é a de constante renovação, mantendo no mais alto nível o padrão de qualidade dos produtos que fabrica ou exporta.

No setor da agricultura, atua na área do fomento, proporcionando suporte a entidades públicas e privadas que se empenham na racionalização de técnicas de plantio, na melhoria de sementes e no apoio ao agricultor. Foi pioneira na implantação e desenvolvimento da cultura da soja no país.

No setor de exportações, vem mantendo por vários anos a posição de liderança entre as exportadoras do setor privado. Fibra de algodão, farelos oleaginosos, café, óleo de mamona e seus derivados, além de outros produtos são embarcados em vários portos brasileiros. Mantém tanques de recebimento e embarque de óleos, em Santos e em Paranaguá, onde dispõe de modernos terminais.

Na área industrial, projeta-se como uma das maiores indústrias de alimentação da América Latina, produzindo principalmente margarinas, óleos e gorduras vegetais comestíveis.

O conjunto Sanbra cobre cerca de 90 cidades brasileiras, com fábricas, usinas, refinarias, agências de compras e filiais, destacando-se o complexo para processamento de soja em Ponta Grossa, PR, o maior do Hemisfério Sul e o quarto do mundo, com capacidade para processar três mil toneladas diariamente. E o parque industrial do Jaguaré,

SP, com área de 180 mil m², sendo 55.000 construídos, com 35.000 m² de ruas pavimentadas. Aí estão instaladas fábricas de margarina e gorduras, refinaria de óleos, fábrica de sabão, fábrica de óleo de mamona e a divisão de produtos industriais com seus laboratórios de pesquisa e de controle de qualidade. Outra unidade industrial que se destaca é a fábrica de óleo de mamona, em Lobato, BA, uma das maiores do mundo em sua especialidade. A Sanbra emprega atualmente cerca de 6.500 pessoas.

9.1. Assessoria de Relações Públicas

A Coordenação de Relações Públicas, ligada à Presidência, hoje denominada Assessoria de Relações Públicas, foi criada em 1969 e atualmente conta com nove funcionários.

O responsável pela Assessoria tem, sob seu controle, três áreas de atividades: Público Interno e Recreações; Criação e Pesquisa; e Publicidade Institucional.

O âmbito de ação da Assessoria de Relações Públicas envolve toda a empresa, no sentido de oferecer apoio às várias gerências, quanto às técnicas e atividades de relações públicas para auxiliar sua atuação.

Anualmente, a Assessoria de RP elabora os principais programas que serão desenvolvidos durante o ano, baseando-se nas avaliações do ano anterior.

A Assessoria de Relações Públicas tem como uma de suas principais funções a divulgação dos aspectos mais relevantes da vida da empresa, com destaque para os reflexos de caráter econômico-social, em âmbito internacional, nacional, estadual e municipal.

Funções Administrativas

As funções básicas da chefia, como trabalho administrativo do setor, ocupam cerca de 30% do tempo do executivo de RP, na Sanbra.

São formulados e fixados os objetivos da Assessoria, assim como os objetivos anuais. São feitos o planejamento, o orçamento e os controles.

Como parte dos trabalhos administrativos, são produzidos relatórios do setor, dirigidos à Presidência.

Público Interno e Recreações

A Assessoria de RP visa aprimorar a integração empresa/funcionário, através da realização de variados programas que atendam as atividades profissionais, levando em conta as atividades de lazer e, sempre que possível, incluindo os familiares.

Mantém contatos sistemáticos com todas as gerências dentro da empresa. Esses contatos internos são básicos para o bom funcionamento dos programas.

Entre os programas de eventos especiais para público interno, incluem-se a realização de várias comemorações, como Festa de Fim de Ano, Dia da Criança e Semana da Pátria. Para a comemoração da Semana da Pátria, de 1979, foi disputado o "Troféu Semana da Pátria" (Sanbra x Santista), em torneio denominado SAN-SAN, e que é realizado a cada dois anos.

As áreas de RP e Recursos Humanos incentivam os funcionários à prática das mais variadas modalidades esportivas. Cada Departamento recebe o nome de um produto da Sanbra e são formadas as equipes; assim por exemplo as equipes Delícia, Soberbo e Primor disputam campeonatos internos.

Publicidade Institucional

Na Sanbra, a publicidade institucional é bem caracterizada e totalmente diferenciada da publicidade comercial. A tônica de comunicação é estabelecida pela Diretoria e desenvolvida pela Assessoria de RP, que faz todo o acompanhamento de campanhas, em termos de contatos com a agência externa, coordenação e avaliação das campanhas.

9.2. Relações com o Público Externo

Os contatos com o público externo incluem, principalmente, os órgãos governamentais e a imprensa, a fim de consolidar a imagem e o conceito da empresa, permitindo que haja fluxo de informações, nos dois sentidos.

Donativos — Contribuições e Brindes

A Assessoria de RP cuida dos donativos e contribuições, numa ação sistemática de atendimento e auxílio de solicitações a obras beneficentes. Alguns donativos são feitos via Palácio do Governo e Serviços Assistenciais das Primeiras Damas dos Estados e dos Municípios, onde há unidades da Sanbra.

Banco de Dados e Biblioteca

A Assessoria de RP possui um Banco de Dados e uma Biblioteca, que inclui uma Hemeroteca.

O Banco de Dados faz a coleta e armazenamento de informações, a fim de possibilitar fácil acesso e atualização contínua dos dados. A reunião de dados sobre a empresa serve de apoio aos diversos programas de RP, bem como para eventual uso pelas áreas operacionais. Contrata serviços externos de *clipping* e mantém vários cadastros atualizados sistematicamente.

Contatos com Comunidades

Está a cargo da Assessoria a participação da empresa junto às comunidades onde têm atuação, fazendo com que a empresa tome parte nos mais significantes empreendimentos. Visa integrar a empresa na vida da comunidade e em suas iniciativas mais importantes. Assim, a consolidação da boa imagem da empresa é feita pela realização de variados programas junto a dirigentes, líderes da comunidade e associações diversas, com o apoio das gerências locais.

Visitas

Toda a programação de visitas, a qualquer das unidades da Sanbra, é de responsabilidade da Assessoria de RP e as visitas somente são realizadas com sua autorização.

Dependendo do nível e da faixa etária dos visitantes, a Assessoria de RP organiza um programa diferente. Por exemplo: chegada, recepção, cafezinho, saudação, projeção de filmes, visita à fábrica, distribuição de sacolinhas de brindes, fotografias, almoço e despedidas. Nessas programações estão estipulados os horários e são determinadas as pessoas que vão receber e acompanhar os visitantes. Quando se trata de grupos de crianças, cada grupo de 10 tem um acompanhante responsável.

Audiovisuais

A Assessoria de RP faz a elaboração de roteiros e supervisão da produção de filmes, material de comunicação visual e audiovisuais institucionais.

A Assessoria mantém o controle de localização e tipo de equipamentos de audiovisual e cuida de sua manutenção.

Eventualmente são feitos empréstimos de filmes a terceiros, desde que acompanhados por um funcionário da Sanbra.

Eventos Especiais

Os eventos especiais para público externo, de caráter institucional promovidos pela empresa, são planejados e executados pela Assessoria de RP.

Anualmente é preparado um calendário de eventos e a Assessoria programa a participação da empresa e de seu quadro diretivo e realiza os programas previstos, de acordo com as exigências de cada caso, além de idealizar novas promoções.

Um dos exemplos significativos dos eventos especiais para público externo é o Concurso Rainha da Soja do Brasil. Trata-se de concurso cultural, realizado em Ponta Grossa, com o apoio do Governo do Estado do Paraná e de inúmeras Prefeituras daquele Estado; de Santa Catarina; Rio Grande do Sul e São Paulo.

O objetivo da Sanbra, nesse caso, é divulgar a soja e seu próprio nome para obter apoio e boa vontade por parte dos mais expressivos núcleos sociais, culturais e governamentais dos Estados participantes.

Publicações Institucionais

A produção e distribuição das diversas publicações, tanto institucionais como periódicas constituem funções da Assessoria de RP. Distribuindo os folhetos, jornais, revistas e relatórios, para o público externo e para o público interno, faz a manutenção constante desses canais de comunicação.

Todas as publicações institucionais, incluindo folhetos diversos e o relatório da diretoria, são feitas sob a orientação da Assessoria de RP.

Publicações Periódicas

Nessa área, uma de suas atribuições é fixar os públicos e rever os *mailing lists*, para as três revistas que são editadas sob sua responsabilidade: "Sanbrino", "Atualidades Sanbra" e "Sanbra News".

"Sanbrino" é a revista interna, voltada para os funcionários, no sentido de integração e é bimestral.

"Atualidades Sanbra" apresenta matérias de interesse geral de maneira atraente e às vezes didática sobre seus produtos. Traz reportagens sobre institutos de pesquisa agrícola; sobre suas instalações industriais; sobre lançamento de novos produtos; sobre campanhas publicitárias, etc. É uma revista de circulação externa, trimestral, com tiragem de 10.000 exemplares.

"Sanbra News" é editada em inglês, é semestral e contém informações sobre a empresa e sobre o País. Sua tiragem é de 4.000 exemplares.

10. EXEMPLOS DE ORGANOGRAMAS

São apresentados, a seguir, exemplos de organogramas de Departamentos de Relações Públicas de algumas das empresas pesquisadas.

Vide páginas 154, 155 e 156.

Notas

1) Rosenberg, Morris, *A lógica da análise do levantamento de dados*. Trad. L. Hegenberg e O. Silveira da Mota. São Paulo, Cultrix, 1976, p. 44.

2) Os profissionais entrevistados foram os seguintes: Caterpillar, Sérgio Muniz de Souza e Fábio França; Dow Química, Aurélio Fernandes de Souza; GM-General Motors, Antonio Romeu Neto; Nestlé, Iraty Marques Ramos e Neide Tirico; Philips, Com. Túlio de Azevedo e Murilo Rodrigues Alves; Pirelli, Siro Poggi; RFFSA-Rede Ferroviária Federal, Ely Diniz; e SANBRA, Valentina Saptchenko Meyer.

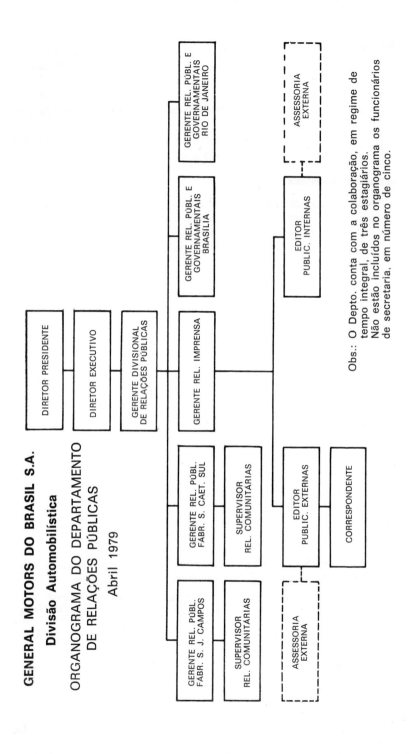

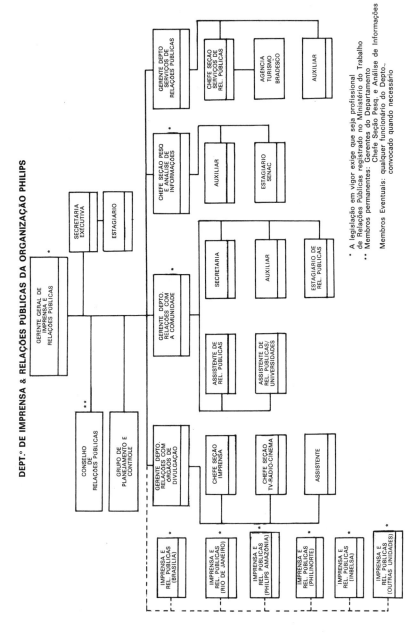

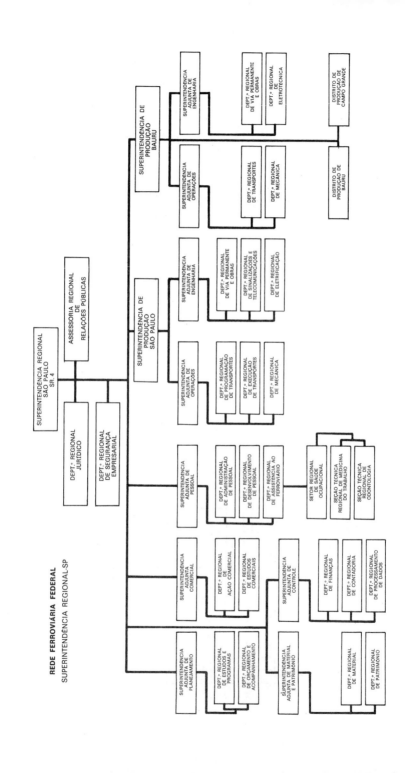

CAPÍTULO VIII

Consultorias e Assessorias de Relações Públicas

O trabalho de assessoramento externo de RP vem se firmando desde a década de 60 e constitui um grupo bastante promissor, pois as empresas, em geral, têm demonstrado necessidade de contratar esse tipo de serviço. Em São Paulo, em 1982, havia aproximadamente 40 assessorias de RP, sendo 34 registradas no CONRERP-SP. Em 1985, são 43 as assessorias registradas, incluindo São Paulo (Capital), interior e Paraná. A década de 80 assistiu a explosão da criação de inúmeras micro-empresas de atendimento que fazem repasse e contratação de serviços de terceiros.

Em função dessa característica, o relacionamento interpessoal é muito significativo e relevante, tanto para as assessorias conseguirem novas contas, como para o recrutamento e contratação de pessoal.

As novas contas geralmente são contratadas por indicação de clientes e por contatos pessoais feitos pela diretoria das assessorias, pois a maioria não desenvolve nenhuma estratégia de *marketing,* nem faz qualquer tipo de divulgação, sendo que algumas usam apenas esporadicamente anúncios em revistas especializadas e, eventualmente, mala-direta. E o recrutamento de pessoal para trabalhar nas assessorias geralmente é feito por indicação de profissionais da área, amigos, ex-colegas, enfim pessoas já conhecidas.

Deve-se ressaltar a importância crescente das Assessorias de RP, pois empresas de grande e médio porte são suas clientes, sendo que várias de grande porte possuem seus departamentos internos de RP. Explica-se isso, pois trata-se de empresas que já possuem implantada em suas estruturas uma mentalidade e uma filosofia de Relações Públicas.

Outro ponto relevante é a longa permanência das contas, por vários anos, atestando o bom entendimento assessoria/cliente, em profícuos trabalhos. Entre as assessorias há aquelas que desenvolvem verdadeiro trabalho de *consultoria de relações públicas* e outras que se dedicam a tarefas específicas, ou chegam a grande especialização, executando quase que exclusivamente um só tipo de serviço, e outras são praticamente *agências de serviços de RP.*

157

1. TRABALHOS DESENVOLVIDOS PELAS CONSULTORIAS DE RP

As consultorias de RP geralmente iniciam seus serviços com um *diagnóstico do conceito da empresa* e prestam um assessoramento junto à presidência da empresa, para assuntos de comunicação social, orientando suas políticas de comunicação e modos de ação e apresentam sugestões para criar programas de comunicação com seus vários públicos.

A partir do diagnóstico, fornecem *consultoria permanente* às empresas, sobre os vários assuntos de comunicação. Ficam à disposição para fornecer esclarecimentos, mesmo quanto a procedimentos com relação à legislação que regulamenta a profissão, assim como sobre os pareceres do CONFERP e dos CONRERPS.

Outro tipo de atuação das Consultorias de RP é fornecer *treinamento e estágio para funcionários de clientes*. Esse tipo de serviço é realmente significante para o cliente, pois sem perda de tempo e sem destacar funcionários de seu Depto. de RP, terá um ou mais elementos devidamente treinados e preparados para as funções. E do ponto de vista do estudante de Comunicação Social é o ideal estagiar numa Consultoria, já que ela poderá fornecer uma visão geral e ampla da profissão, pois ele irá desempenhar inúmeros serviços, nas mais variadas situações, tornando-o apto a assumir qualquer posição dentro de um complexo Depto. interno de RP.

Tendo em vista os contatos governamentais e as dificuldades que surgem, há Consultorias de RP que fazem com seus clientes uma *encenação simulada* — treinamento do executivo — para a apresentação de solicitações em organismos oficiais como a CACEX, o Conselho de Desenvolvimento Industrial, Ministérios, Secretarias e Sindicatos Patronais.

Algumas Consultorias promovem a *criação de Deptos. internos de RP em empresas*, orientando a escolha de futuros funcionários, às vezes indicando seus próprios estagiários. Supervisionam a implantação gradual dos serviços, de acordo com as necessidades do cliente, transferindo gradualmente tarefas executadas por ela, para o Depto. interno recém-implantado.

Em muitos casos, a *organização e coordenação de serviços internos de RP* do cliente é feita sob a orientação da Consultoria. Esses serviços internos podem incluir tarefas como:

— organizar e manter listagens dos públicos da empresa, incluindo seus clientes preferenciais para envio de convites e publicações;

— organizar e manter o cadastro de endereços necessários ao Depto. de RP;

— organizar e manter os arquivos de referência, histórico, biográfico e fotográfico da companhia;

— auxiliar a redação de relatórios;

— supervisionar a padronização de modelos de papéis, cartões e outras formas de comunicação;
— organizar visitas e coordenar programas de visitantes VIPs;
— assessorar viagens, hospedagem, traslados e acompanhamento de visitantes do exterior;
e vários outros serviços burocráticos.

Com relação ao delicado *relacionamento entre a empresa e o pessoal de imprensa*, a Consultoria de RP organiza a realização de coletivas de imprensa; supervisiona a elaboração de *press kits*; organiza entrevistas para TV e jornais com diretores da empresa; promove reuniões com jornalistas e eventos de congraçamento de fim de ano para todo o pessoal dos meios de comunicação de massa. As pessoas dos MCM são vistas pelas consultorias como um público específico e não apenas como intermediários dos canais de comunicação.

A Consultoria de RP *coordena e supervisiona as publicações empresariais* sugerindo e preparando textos para folhetos institucionais e coordenando a execução de serviços fotográficos para a ilustração dos mesmos. Prepara a literatura sobre a empresa e supervisiona a elaboração de filmes e audiovisuais institucionais e/ou científicos.

As *atividades de RP em apoio às áreas de marketing* são organizadas pela Consultoria de RP, em termos de campanhas de relações públicas feitas paralelamente às campanhas publicitárias por ocasião de lançamento de novos produtos. Esse tipo de procedimento, isto é, campanhas paralelas também é usado quando há eventual queda de vendas ou para a empresa conseguir novos segmentos de consumidores.

A Consultoria de RP pode atuar em apoio ao Depto. interno de RP, Relações Industriais, Recursos Humanos ou Depto. Pessoal coordenando *programas de comunicação interna*, incluindo a publicação de jornais e/ou revistas internas (*house organs*); avisos sobre assuntos de interesse dos empregados; murais; interpretação sobre políticas salariais, abrangendo salários, promoções e benefícios empresariais. Coordena também programas de integração, junto aos Clubes e Organizações de funcionários.

Os *programas de relações com a comunidade* muitas vezes são sugeridos pela Consultoria de RP e geralmente constam de doações a entidades filantrópicas e assistenciais; promoção de concursos junto à comunidade e participação da empresa em festas e comemorações cívicas. A promoção de eventos artísticos e culturais, assim como o lançamento de artistas também têm boa receptividade comunitária.

2. AGÊNCIAS DE SERVIÇOS

A profissão de Relações Públicas, por ser interdisciplinar, representando ao mesmo tempo um instrumento da administração e da comunicação social, tem como característica a coordenação de várias atividades. Assim, tanto os Deptos. internos de RP, como as Consultorias de RP utilizam-se de serviços de terceiros para completar suas tarefas.

Entre os serviços mais contratados pelo pessoal de RP, destacamos aqueles desenvolvidos pelas Assessorias de Imprensa; pelas firmas de produção de audiovisuais, multivisão e filmes; pelos Institutos de Pesquisas; pelos serviços de mala-direta e pelas firmas que fornecem brindes.

Estas são organizações especializadas que, por desenvolverem um só tipo de serviço específico, mesmo ligado a nossa área, não são consideradas Assessorias de RP. Consideramos, a seguir, algumas de suas características, ressaltando que elas fornecem serviços sob a supervisão do pessoal de RP.

Há *Assessorias de Imprensa* que cuidam especificamente da elaboração de jornais e revistas empresariais determinando, junto com os Deptos. de RP, sua linha política, tiragem, periodicidade, edição, impressão e distribuição.

Há outros tipos de Assessorias de Imprensa que cuidam exclusivamente de *press releases*. Redigem e providenciam a remessa dos *releases* para todo o Brasil. Estas Assessorias de Imprensa desempenham um papel similar às agências noticiosas internacionais, pois enviam, em bruto, notícias empresariais para todos os veículos de comunicação, cabendo a estes aproveitarem ou não essas notícias, dando-lhes tratamento adequado a fim de dirigi-las aos seus públicos. Tais assessorias mantêm atualizados os cadastros dos veículos de comunicação de todo o Brasil, assim como os nomes dos principais editores. Realizam também o levantamento do material publicado, organizando um arquivo de recortes das matérias enviadas para publicação e apresentam a avaliação do que foi publicado, em termos de centimetragem por coluna.

Produções de *audiovisuais, multivisão* e *filmes* constituem serviços de terceiros que são contratados e elaborados sob a supervisão do pessoal de RP, seja audiovisual institucional, promocional — para feiras e eventos, ou para integração de funcionários.

Os serviços dos *Institutos de Pesquisas* geralmente são contratados pelos Deptos. de RP quando há necessidade de se fazer pesquisas que atinjam diretamente a opinião pública, pesquisas de comunicação e, às vezes, pesquisas de cunho sociológico. Como a Lei n.º 5377 determina que pesquisa de opinião é inerente e específica das atividades profissionais de RP, vários desses Institutos filiaram-se ao CONRERP-SP.

Os serviços de *mala-direta* são usados como canal de vendas, ou *marketing* direto, envolvendo todo o trabalho da criação à impressão; do cadastro à postagem para os vários segmentos de públicos, selecionados por profissão, por classe sócio-econômica, ou por região. Em São Paulo, há cerca de 20 agências de serviços que se dedicam exclusivamente a essa atividade.

Os Deptos. de RP auxiliam a área de *marketing* escolhendo e encomendando *brindes* que serão distribuídos aos visitantes e clientes. E também coordenam sua distribuição pelas áreas operacionais.

A atuação do profissional de Relações Públicas como responsável pela veracidade das informações transmitidas aos meios de comunicação de massa, pelas campanhas de opinião pública, pelos filmes e audiovisuais institucionais, e pelas pesquisas de opinião pública tem tanta importância social que fica sujeita ao Código de Ética profissional.

Este Código de Ética, que protege a opinião pública e o consumidor, isenta as agências de serviços de qualquer responsabilidade, que recai sobre o profissional de RP que contrata seus serviços.

3. ASSESSORIAS ESPECIALIZADAS

Paralelamente às Consultorias de RP, que desenvolvem tarefas bastante abrangentes para seus clientes, há as Assessorias de RP especializadas, assim chamadas por desempenharem determinado tipo de serviço. Não são propriamente Consultorias, pois desempenham atividades inerentes a área específicas.

Em São Paulo, há cerca de 20 Assessorias de RP que se especializaram em alguma área. Assim, há aquelas que se dedicam principalmente a *eventos*, desenvolvendo e executando os projetos de eventos das áreas institucionais, como congressos, exposições e congraçamentos com públicos internos e externos. Promovem também os eventos das áreas de *marketing* das empresas, como seminários, palestras, convenções, feiras e lançamentos.

Essas Assessorias preparam e organizam festas de confraternização (principalmente as de fim de ano); reuniões e recepções com almoços, jantares e coquetéis. Providenciam a reserva de restaurantes, bufês, decoração, flores, instalação de som, etc.

Há Assessorias que cuidam da parte turística, organizam as viagens, providenciando hospedagem, traslados, condução para grupos (carros, ônibus, barcos, aviões). Recepcionam e acompanham visitantes do exterior e organizam programas sociais para os acompanhantes.

Algumas Assessorias são especializadas em *feiras* e cuidam da montagem e instalação de *stands*; do treinamento das recepcionistas; do material impresso ou brindes a serem distribuídos ao público em geral; dos *press kits* para os jornalistas; e da recepção dos convidados VIPs.

O *material gráfico empresarial* geralmente fica subdividido entre as Assessorias de RP e as Agências Publicitárias, incluindo desde a criação, elaboração dos textos, escolha das fotos, diagramação, até a arte final. E a parte gráfica propriamente dita, com fotolitos, chapas e impressão, é feita por terceiros.

Quase todas as Assessorias de RP trabalham com *contatos governamentais*, nos três níveis, federal, estadual e municipal. Este trabalho de relações governamentais sob o ponto de vista da empresa muitas vezes é desenvolvido por pessoas das mais variadas áreas, não constituindo, *stricto sensu*, uma atividade típica de RP. As pessoas que se dedicam às relações governamentais, em âmbito federal, desenvolvem suas atividades em Brasília e no Rio, mais devido aos bons relacionamentos pessoais que adquiriram, do que devido a uma formação profissional. Seu trabalho envolve desde o acompanhamento da tramitação de papéis e *follow-up* de processos em organismos oficiais, até atividades que podem ser comparadas ao papel desempenhado pelos *lobbyists*, nos EUA.

Várias Assessorias de RP trabalham com *imagem individual*, cuidando do entrosamento da pessoa na sociedade e melhorando ou criando sua imagem, às vezes, a partir do próprio visual da pessoa.

A Maneira de Estipular Preços

A maneira de estipular preços varia bastante entre as Assessorias, sendo a forma mais comum estipular um *fee* fixo para os clientes permanentes e apresentar um orçamento global por trabalho solicitado, mais serviços de terceiros.

É importante para a Assessoria prever orçamentos precisos para cada tarefa a ser executada, pois os contratos que envolvem serviços de terceiros, como fotógrafos, bufês, recepcionistas, floriculturas, constituem para muitas delas mais da metade de seu trabalho.

O mesmo ocorre com o material impresso, que geralmente demanda a contratação de tradutores, redatores e revisores, além da parte fotográfica e o serviço das gráficas, cujos orçamentos são majorados quase que mensalmente. As contas por *job* têm uma duração média de 3 meses a um ano, desde o planejamento até sua realização — e geralmente essas contas funcionam com contratos renováveis.

Avaliação dos Serviços Executados

A avaliação dos serviços executados, como por exemplo, de cada evento e seus benefícios, é feita por reunião dos setores envolvidos. E quando se trata de serviço de imprensa, recortes e acompanhamento de publicação de *releases*, entra em jogo a questão ética.

É um procedimento normal das agências publicitárias, elaborarem a centimetragem por coluna das matérias geradas por *release* para calcularem seu preço hipotético. Entretanto, esse procedimento é repudiado por muitas Assessorias de RP, pois consideram que não há termos de comparação entre anúncio, matéria paga e divulgação feita a partir de *release*.

Isso porque os *releases* constituem uma das várias fontes de informação dos veículos de comunicação; assim, se eles publicam essas informações, sua veiculação tem o sentido de uma prestação de serviços à comunidade e portanto não devem sofrer uma avaliação pecuniária.

O veículo ao publicar a matéria ou o jornalista ao aceitá-la não tem como objetivo "presentear" a fonte dessa matéria com um espaço sujeito a custo financeiro.

Relacionamento Empresa/Consultoria

Revela-se uma necessidade imperiosa de haver não apenas um bom, mas um ótimo relacionamento entre ambos, pois grande parte das atividades são desenvolvidas em conjunto. E quando isso ocorre, verificamos a permanência da conta por período duradouro.

Entretanto, quando uma Consultoria implanta um Depto. de RP em empresa, ela corre o risco de ter essa conta cancelada, pois os trabalhos que eram executados pela equipe da Consultoria passam a ser feitos pelo pessoal *full time* contratado pela empresa. E estes têm a tendência de passar a ignorar a atuação da Consultoria.

Notamos, por outro lado, uma atitude inteligente, quando o novo gerente de RP, do recém-montado Depto. da empresa, estabelece para si uma função de assessoramento à presidência, passando os serviços de rotina de RP para a Consultoria. Logo, ele fica com mais tempo livre para elaborar seus programas de Comunicação.

* * *

Assim, o trabalho de relações públicas, para as empresas, quer desenvolvido por um Depto. interno, quer por uma Consultoria externa, torna-se a cada dia mais necessário e imprescindível, porque a estrutura organizacional, como parte dos sistemas sociais, é bastante complexa, dependendo para a realização de seus fins, das forças de integração. E como podem ocorrer tensões ou conflitos entre os padrões formais de comportamento, e antagonismos políticos, somente uma política adequada de relações públicas poderá harmonizar todas as oposições em termos de metas viáveis, possibilitando maior unidade ao sistema empresarial.

Bibliografia

Aguayo, Carlos Aracena, *Relaciones publicas en acción.* Santiago de Chile, El Diario, 1966.

Allen, Howard T., *Public relations, idea book.* Londres, Printers Ink, 1953.

Andrade, C. Teobaldo de Souza, *Curso de relações públicas.* São Paulo, Atlas, 1970.

———, ———, *Para entender relações públicas.* 2.ª ed. São Paulo, Biblos, 1963.

———, ———, *Psico sociologia das relações públicas.* Petrópolis, Vozes, 1975.

Augras, Monique, *Opinião pública.* Petrópolis, Vozes, 1970.

Baus, Herbert, *Relações públicas; dinâmica e prática.* Rio de Janeiro, Fundo de Cultura, 1961.

Berelson, B. & Steiner, G. A., *Human behavior.* Harcourt, Brace and World, 1964.

Blumer, Herbert, *Comportamento coletivo.* São Paulo, Herder, 1962.

Boyd Jr., Harper & Westfall, Ralph, *Pesquisa mercadológica.* Trad. Afonso C. A. Arantes e M. Isabel R. Hopp. Rio de Janeiro, FGV, 1979.

Bryne, J. Herman & Schontheete, M. de, *Dinâmica da pesquisa em ciências sociais.* Trad. Ruth Joffily. Rio de Janeiro, Livraria Francisco Alves, 1977.

Buckley, Walter, *Sociology and the modern systems theory.* New Jersey, Prentice-Hall, 1967.

Camargo, Lenita, *Política dos negócios.* São Paulo, Mestre Jou, 1967.

Canfield, Bertrand R., *Relações públicas.* Trad. O. Krähenbühl. 2.ª ed. São Paulo, Pioneira, 1970. 2 vol.

Chaumely, Jean & Huissman, Denis, *Les relations publiques.* Paris, Presses Universitaires de France, 1962.

Childs, Harwood, *Relações públicas, propaganda e opinião pública.* Trad. Sylla M. Chaves. Rio de Janeiro, FGV, 1964.

D'Azevedo, M. A., *Relações públicas; teoria e processo.* Porto Alegre, Sulina, 1971.

Delorenzo Neto, Antonio, "Da pesquisa nas ciências sociais". In: Separata da Revista *Ciências Econômicas e Sociais.* Osasco, 1970. Vol. 5, n.ºs I e II, pp. 2-66.

———, ———, *Sociologia aplicada à administração.* São Paulo, Atlas, 1979.

Derriman, James, *Relações públicas para gerentes.* Trad. Jorge A. Fortes e José S. de Almeida. Rio de Janeiro, Zahar, 1968.

Evangelista, Marcos Fernando, *Relações públicas; fundamentos e legislação.* 2.ª ed. Rio de Janeiro, Rio, 1975.

Fernández, Fernando Rodarte, *La empresa y sus relaciones publicas.* Mexico, Limura-Wilwy, 1966.

Halliday, Tereza Lúcia, *Comunicação e organização no processo do desenvolvimento.* Petrópolis, Vozes, 1975.

Jameson, Samuel Haig, *Relações públicas* (Antologia). São Paulo, FGV, 1962.

Katz, Daniel & Kahn, Robert L., *Psicologia social das organizações*. Trad. A. Simões, São Paulo, Atlas, 1974.

König, René, *Sociologie de la mode*. Paris, Payot, 1969.

Lakatos, Eva Maria, *Sociologia geral*. São Paulo, Atlas, 1976.

Leite, Roberto de Paula, *Relações públicas*. São Paulo, José Bushatsky, 1971.

Linton, Ralph, *O homem; uma introdução à antropologia*. Trad. Lavínia Velela. 6.ª ed. São Paulo, Martins, 1968.

Lundberg, A.; Schrag, Clarence C.; Larsen, Otto N., *Sociology*. 3.ª ed. Nova York, Harper, 1963.

Manheim, Karl, *Sociologia sistemática*. Trad. M. M. Foracchi. São Paulo, Pioneira, 1962.

Merton, Robert K. & Lazarsfeld, Paul F., "Comunicação de massa, gosto popular e a organização da ação social". Trad. Carmen Dora Guimarães. In: Lima, Luiz Costa, *Teoria da cultura de massa* (Seleção de textos). Rio de Janeiro, Saga, 1969, pp. 103-125.

Miller, Robert, "Situação Atual do Trabalho de Relações Públicas nos Estados Unidos" (pesquisa). In: Darrow, Richard W., Forrestal, Dan J., Cookman, Aubrey O., *Dartnell public relations handbook*. Chicago and London, The Dartnell Corporation, 1968.

Mills, C. Wright, *A elite do poder*. Trad. W. Dutra. 3.ª ed. Rio de Janeiro, Zahar, 1975.

Morris, R. N., *Sociologia urbana*. Trad. Álvaro Cabral. 2.ª ed. Rio de Janeiro, Zahar, 1972.

Myers, James H. & Reynolds, William H., *Gerência de marketing e comportamento do consumidor*. Petrópolis, Vozes, 1972.

Penteado, José Roberto Whitaker, *Relações públicas nas empresas modernas*. 2.ª ed. Lisboa, Centro do Livro Brasileiro, 1969.

Riesman, David, *A multidão solitária*. Trad. S. Micelli e M. W. Barbosa de Almeida. São Paulo, Perspectiva, 1971.

Rosenberg, Morris, *A lógica da análise do levantamento de dados*. Trad. L. Hegenberg e O. Silveira da Mota. São Paulo, Cultrix, 1976.

Selltiz, Jahoda, Deutsch, Cook, *Métodos de pesquisa nas relações sociais*. Trad. Dante Moreira Leite. São Paulo, Herder-USP, 1971.

Simon, Raymond, *Relações públicas; perspectivas de comunicação*. São Paulo, Atlas, 1972.

Smith, Paul I. Slee, *Relaciones publicas en la empresa*. Bilbao, Deusto, 1970.

Stoetzel, *Psicologia social*. Trad. Haydée Camargo Campos. São Paulo, Nacional, 1976.

Tagliacarne, Guglielmo, *Pesquisa de mercado: técnica e prática*. Trad. M. L. Rosa da Silva. São Paulo, Atlas, 1976.

Wirth, Louis, "Urbanism as a way of life". In: *American Journal of Sociology*, vol. 44, 1938.

NOVAS BUSCAS EM COMUNICAÇÃO
VOLUMES PUBLICADOS

1. *Comunicação: teoria e política* — José Marques de Melo.
2. *Releasemania — uma contribuição para o estudo do press-release no Brasil* — Gerson Moreira Lima.
3. *A informação no rádio — os grupos de poder e a determinação dos conteúdos* — Gisela Swetlana Ortriwano.
4. *Política e imaginário nos meios de comunicação para massas no Brasil* — Ciro Marcondes Filho (organizador).
5. *Marketing político e governamental — um roteiro para campanhas políticas e estratégias de comunicação* — Francisco Gaudêncio Torquato do Rego.
6. *Muito além do Jardim Botânico — um estudo sobre a audiência do Jornal Nacional da Globo entre trabalhadores* — Carlos Eduardo Lins da Silva.
7. *Diagramação — o planejamento visual gráfico na comunicação impressa* — Rafael Souza Silva.
8. *Mídia: o segundo Deus* — Tony Schwartz.
9. *Relações públicas no modo de produção capitalista* — Cicilia Krohling Peruzzo.
10. *Comunicação de massa sem massa* — Sérgio Caparelli.
11. *Comunicação empresarial/comunicação institucional — Conceitos, estratégias, planejamento e técnicas* — Francisco Gaudêncio Torquato do Rego.
12. *O processo de relações públicas* — Hebe Wey.
13. *Subsídios para uma Teoria da Comunicação de Massa* — Luiz Beltrão e Newton de Oliveira Quirino.
14. *Técnica de reportagem — notas sobre a narrativa jornalística* — Muniz Sodré e Maria Helena Ferrari.
15. *O papel do jornal — uma releitura* — Alberto Dines.
16. *Novas tecnologias de comunicação — impactos políticos, culturais e socioeconômicos* — Anamaria Fadul (organizadora).
17. *Planejamento de relações públicas na comunicação integrada* — Margarida Maria Krohling Kunsch.
18. *Propaganda para quem paga a conta — do outro lado do muro, o anunciante* — Plinio Cabral.
19. *Do jornalismo político à indústria cultural* — Gisela Taschner Goldenstein.
20. *Projeto gráfico — teoria e prática da diagramação* — Antonio Celso Collaro.
21. *A retórica das multinacionais — a legitimação das organizações pela palavra* — Tereza Lúcia Halliday.
22. *Jornalismo empresarial* — Francisco Gaudêncio Torquato do Rego.
23. *O jornalismo na nova república* — Cremilda Medina (organizadora).
24. *Notícia: um produto à venda — jornalismo na sociedade urbana e industrial* — Cremilda Medina.
25. *Estratégias eleitorais — marketing político* — Carlos Augusto Manhanelli.
26. *Imprensa e liberdade — os princípios constitucionais e a nova legislação* — Freitas Nobre.
27. *Atos retóricos — mensagens estratégicas de políticos e igrejas* — Tereza Lúcia Halliday (organizadora).

28. *As telenovelas da Globo — produção e exportação —* José Marques de Melo.
29. *Atrás das câmeras — relações entre cultura, Estado e televisão —* Laurindo Lalo Leal Filho.
30. *Uma nova ordem audiovisual — novas tecnologias de comunicação —* Cândido José Mendes de Almeida.
31. *Estrutura da informação radiofônica —* Emilio Prado.
32. *Jornal-laboratório — do exercício escolar ao compromisso com o público leitor —* Dirceu Fernandes Lopes.
33. *A imagem nas mãos — o vídeo popular no Brasil —* Luiz Fernando Santoro.
34. *Espanha: sociedade e comunicação de massa —* José Marques de Melo.
35. *Propaganda institucional — usos e funções da propaganda em relações públicas —* J. B. Pinho.
36. *On camera — o curso de produção de filme e vídeo da BBC —* Harris Watts.
37. *Mais do que palavras — uma introdução à teoria da comunicação —* Richard Dimbleby e Graeme Burton.
38. *A aventura da reportagem —* Gilberto Dimenstein e Ricardo Kotscho.
39. *O adiantado da hora — a influência americana sobre o jornalismo brasileiro —* Carlos Eduardo Lins da Silva.
40. *Consumidor* versus *propaganda —* Gino Giacomini Filho.
41. *Complexo de Clark Kent — são super-homens os jornalistas? —* Geraldinho Vieira.
42. *Propaganda subliminar multimídia —* Flávio Calazans.
43. *O mundo dos jornalistas —* Isabel Siqueira Travancas.
44. *Pragmática do jornalismo — buscas práticas para uma teoria da ação jornalística —* Manuel Carlos Chaparro.
45. *A bola no ar — o rádio esportivo em São Paulo —* Edileuza Soares.
46. *Relações públicas: função política —* Roberto Porto Simões.
47. *Espreme que sai sangue — um estudo do sensacionalismo na imprensa —* Danilo Angrimani.
48. *O século dourado — a comunicação eletrônica nos EUA —* S. Squirra.
49. *Comunicação dirigida escrita na empresa — teoria e prática —* Cleuza G. Gimenes Cesca.
50. *Informação eletrônica e novas tecnologias —* María-José Recoder, Ernest Abadal, Lluís Codina e Etevaldo Siqueira.
51. *É pagar para ver — a TV por assinatura em foco —* Luiz Guilherme Duarte.
52. *O estilo magazine — o texto em revista —* Sergio Vilas Boas.
53. *O poder das marcas —* J. B. Pinho.
54. *Jornalismo, ética e liberdade —* Francisco José Karam.
55. *A melhor TV do mundo — o modelo britânico de televisão —* Laurindo Lalo Leal Filho.
56. *Relações públicas e modernidade — novos paradigmas em comunicação organizacional —* Margarida Maria Krohling Kunsch.
57. *Radiojornalismo —* Paul Chantler e Sim Harris.
58. *Jornalismo diante das câmeras —* Ivor Yorke.
59. *A rede — como nossas vidas serão transformadas pelos novos meios de comunicação —* Juan Luis Cebrián.
60. *Transmarketing — estratégias avançadas de relações públicas no campo do marketing —* Waldir Gutierrez Fortes.
61. *Publicidade e vendas na Internet — técnicas e estratégias —* J. B. Pinho.
62. *Produção de rádio — um guia abrangente da produção radiofônica —* Robert McLeish.
63. *Manual do telespectador insatisfeito —* Wagner Bezerra.
64. *Relações públicas e micropolítica —* Roberto Porto Simões.
65. *Desafios contemporâneos em comunicação — perspectivas de relações públicas —* Ricardo Ferreira Freitas, Luciane Lucas (organizadores).
66. *Vivendo com a telenovela — mediações, recepção, teleficcionalidade —* Maria Immacolata Vassallo de Lopes, Silvia Helena Simões Borelli e Vera da Rocha Resende.
67. *Biografias e biógrafos — jornalismo sobre personagens —* Sergio Vilas Boas.
68. *Relações públicas na internet — Técnicas e estratégias para informar e influenciar públicos de interesse —* J. B. Pinho.
69. *Perfis — e como escrevê-los —* Sergio Vilas Boas.
70. *O jornalismo na era da publicidade —* Leandro Marshall.
71. *Jornalismo na internet –* J. B. Pinho.